Antonia Berger (Hg.)

Osterhäschen – Schnuppernäschen

Die schönsten
Geschichten zu Ostern

omnibus

DIE HERAUSGEBERIN

Antonia Berger studierte Germanistik, mit dem Schwerpunkt Kinder- und Jugendliteratur, und lebt heute als freie Lektorin in München.

Von Antonia Berger ist bei OMNIBUS erschienen:
»Sommer, Sonne, Ferienglück. Die schönsten Urlaubsgeschichten« (21816)

»Das große Adventskalenderhaus. 24 Geschichten« (21842)

DIE ILLUSTRATORIN

Annette Swoboda, geboren 1962, malte ihr erstes Bilderbuch mit neun Jahren. Sie hatte so viel Spaß dabei, dass der Wunsch enstand, mehr davon zu machen. Sie studierte arts plastiques in Aix-en-Provence und Grafik-Design in Mannheim. Seit ihrem ersten Bilderbuchprojekt 1992 arbeitet sie als Illustratorin für Kinderbuchverlage. Dabei ist es für sie das Spannendste, Sprache und Fantasie in Bilder zu übersetzen.

Antonia Berger (Hg.)

Osterhäschen – Schnuppernäschen

Die schönsten
Geschichten zu Ostern

Mit Illustrationen
von Annette Swoboda

omnibus

OMNIBUS
ist der Taschenbuchverlag für Kinder
in der Verlagsgruppe Random House

Umwelthinweis:
Alle bedruckten Materialien dieses Taschenbuchs
sind chlorfrei und umweltschonend.

1. Auflage
Originalausgabe Februar 2008
Gesetzt nach den Regeln der
Rechtschreibreform

Umschlag- und Innenillustrationen:
Annette Swoboda
Umschlaggestaltung: Basic-Book-Design,
Karl Müller-Bussdorf
MI · Herstellung: CZ/MR
Satz: DTP im Verlag
Druck: Claussen & Bosse, Leck
ISBN: 978-3-570-21882-2
Printed in Germany

www.omnibus-verlag.de

Inhalt

Ursel Scheffler

Warum die Ostereier bunt sind

Vor langer, langer Zeit gab es noch keine bunten Ostereier. Sie waren so weiß, wie die Hühner sie gelegt hatten. Die Osterhasen kochten sie ab und versteckten sie in der Osternacht in den Gärten und auf den Wiesen.
Aber da passierte es einmal, dass es in der Osternacht schneite. Es schneite und schneite und wollte gar nicht mehr aufhören.
Als die Kinder am Ostermorgen aus dem Fenster sahen, war alles weiß. Und als sie draußen Ostereier suchten, fanden sie kein einziges.

Wie sollten sie auch im Schnee weiße Eier entdecken? Mit rot gefrorenen Nasen und kalten Füßen kamen die Kinder zurück. Sie waren sehr enttäuscht und traurig.

Ein kleiner Hase saß am Wegrand und dachte: »Wir sollten die Eier bunt färben, damit man sie auch im Schnee finden kann!« Er lief nach Hause und berichtete von seinem Einfall.

»Das ist eine gute Idee!«, sagte der Hase Kaspar, der ein begeisterter Landschaftsmaler war. Und er malte gleich ein paar Mustereier.

Die Hasenkinder wollten auch Pinsel und Farben haben. Sie übten und übten.

Als es Sommer war, stöhnte die Hasenmutter: »Ich kann keine Rühreier und Pfannkuchen mehr sehen! Und die Backen tun mir schon weh vom Eierausblasen.« Denn selbstverständlich übten die Hasen an ausgeblasenen Eiern.

Die schönsten hängten sie an die Bäume. Dort schaukelten sie lustig im Wind. Alle, die vorbeikamen und es sahen, freuten sich daran.

Noch heute findet man in manchen Gegenden solche bunt geschmückten Osterbäume.

Die Hasenkinder aber konnten es gar nicht erwarten, bis endlich wieder Ostern war und sie ihre Kunst an echten Eiern ausprobieren konnten.

Seitdem gibt es bunte Ostereier!

Und seitdem finden die Kinder alle Ostereier. Auch wenn es mal an Ostern geschneit hat.

Barbara Bartos-Höppner

Eier anmalen

»Mutter«, sagt Schnüpperle, »Annelie hat überhaupt noch keinen richtigen Eierbaum gesehen. Bloß immer so kleine Drüppel für die Vase. Aber so einen großen, wie bei uns im Garten, so einen noch nicht. Ich hab gesagt, wir machen wieder einen, und sie kann zu uns kommen und gucken, so lange sie will. Aber Annelie möchte lieber selber einen Eierbaum haben. Bloß so viele ausgeblasene Eier haben sie nicht. Deshalb bin ich mit Annelie klingeln gegangen, an jedes Haus.«

»Was habt ihr gemacht?«, fragt Mutter.

»Wir haben es so gemacht: Annelie hat geklingelt, und ich hab gefragt, ob sie ausgeblasene Eier haben.«

»Schnüpperle«, sagt Mutter, »ich glaub, du bist nicht recht bei Trost.«

»Hm, das hat der Mann auch gesagt, der im Finstern immer nachgucken muss, ob alle Leute die Türen zugeschlossen haben. Du weißt schon, Mutter, der mit dem großen Schäferhund. Und der hat uns ganz böse angeguckt, weil er gerade geschlafen hat.

Und der dicke Herr Klein hat gefragt, ob es bei mir piept, und er hat in seinem ganzen Leben noch nichts von ausgeblasenen Eiern gehört. Und weißt du, was der Polizist Krause gesagt hat, Mutter? Ausgeblasene Eier kriegt er erst morgen wieder rein, ganz frische. Und er stellt uns den Korb vor die Tür.«

»Schnüpperle, das ist ja nicht auszudenken.«

Schnüpperle nickt. »Ja, Frau Sengelmann hat auch gesagt, wer denkt denn an so was. Aber sie will uns für morgen noch ein paar zurechtblasen. Susanne hat auch drei rausgerückt, weil ich gesagt hab, sie darf bei uns mit Eier anmalen.

Und dann sind wir noch bei Frau Kasseroll gewesen. Frau Kasseroll hat gesagt, wenn sie das bloß eher gewusst hätte. Aber sie will heut Abend Rühreier in die Pfanne blasen und morgen Mittag Eierkuchen. Und dann kriegen wir auch noch welche von der Osterbäckerei. Jetzt brauchen wir bloß noch Farbe und dann kann's losgehen.«

Zwei Tage später malen sie.
Susanne bringt einen kleinen Korb voll Eier mit und Annelie auch. Annerose rührt die Farbe an und stellt sie mitten auf den Tisch. Dann tauchen alle die Pinsel ein und malen.
»Du musst viel mehr Farbe nehmen«, sagt Susanne zu Annelie, »bei dir sieht man ja das Weiße noch.«
»Und du nimmst so viel, dass sie runterkleckert«, ruft Schnüpperle.
»Und du malst dir die Finger voll.«
»Überhaupt nicht, bloß mein Daumen ist rot.«
In jedes Ei, das fertig ist, steckt Annerose ein Hölzchen mit Faden. Dann hängt sie es an den Kleiderhaken zum Trocknen.
»Geht die Farbe ab, wenn's regnet?«, fragt Annelie.
»Nur ein bisschen, zum Glück«, sagt Annerose.
»Warum müssen wir denn alle rote Eier malen?«, fragt Susanne, »ich finde blaue schöner.«
»Du willst immer eine Extrawurst haben«, ruft Schnüpperle.
»Wir malen doch blaue Eier, wenn die rote Farbe alle ist.«
»Gut«, sagt Susanne, »dann geh ich erst mal nach Hause aufs Klo.«
»Kannst du doch bei uns machen.«
»Mach ich aber nicht.«
»Und ich mach dir die Tür nicht auf, wenn du wiederkommst.«

Susanne lässt die Tür offen.
Als sie wiederkommt, hat jeder schon drei blaue Eier bemalt, und die Farbe reicht nur noch zu einem einzigen blauen Ei für Susanne.
»Ich hab überhaupt keine Lust mehr. Ich wollte so gerne blaue Eier haben.«
»Hättest du eben eher kommen müssen, wir malen jetzt grün«, sagt Annerose.
»Grün mag ich nicht, ich will lieber gelb.«
»Gelb rühr ich später an.«
»Gut«, sagt Susanne, »dann geh ich erst mal was trinken.«
»Brause kannst du auch bei uns kriegen«, sagt Schnüpperle.
»Brause will ich nicht, ich will was anderes.«
»Warum willst du denn immerfort was anderes?«, fragt Annelie. »Guck mal, wie viele Eier wir schon gemalt haben. Du hast bloß so wenig fertig, und Schnüpperle hat gesagt, ein Eierbaum muss ganz bunt werden, sonst ist er nicht schön.«
»Schnüpperle hat gesagt, Schnüpperle hat gesagt«, quäkt Susanne. »Woher willst du denn wissen, dass ich bloß so wenig Eier habe?«
»Weil deine Eier am letzten Kleiderhaken hängen, dann kommen meine, und dann kommen Anneroses ...«
»Ihr seid gemein«, schreit Susanne, »ihr habt meine Eier mit an eure Kleiderhaken gehängt.«
»Von wegen«, ruft Annerose, »das haben wir gar nicht

nötig, so fleißig, wie wir gemalt haben. Und außerdem sieht man's ja. An deinem Kleiderhaken hängen drei rote und ein blaues. Mehr hast du nicht gemalt.«
Auf einmal fängt Susanne furchtbar an zu weinen. »Dann krieg ich überhaupt keinen schönen Eierbaum, bloß ihr.«
»Ich geb dir eins ab«, sagt Annelie.
»Ich geb dir auch eins ab«, sagt Schnüpperle.
»Von mir kannst du auch eins kriegen«, sagt Annerose.
»Und jetzt malen wir gelbe und du bleibst hier und malst mit.«
»Ich hab doch aber so Durst.«
»Ach Quatsch«, sagt Annerose.
In diesem Augenblick geht die Tür auf und Mutter bringt einen Teller voll Kuchen und vier Gläser Apfelsaft.
»So«, sagt sie, »jetzt wird erst gevespert und dann könnt ihr weitermachen.«
»Guck mal«, sagt Susanne zu Mutter, »wie wenig Eier ich erst hab.«
»Hast du selbst Schuld«, ruft Schnüpperle, »fang bloß nicht wieder an zu heulen.«
»Wenn du jetzt nicht dauernd rummeckerst«, sagt Annerose, »dann wirst du noch einen schönen Eierbaum kriegen.«
»Bestimmt«, ruft Schnüpperle, »aber jetzt muss ich erst was trinken, und dann futter ich Kuchen, bis mir der Bauch platzt.«

Brigitte Blobel

Der verliebte Osterhase

So genau wusste Archibald Plüschohr selbst nicht, was ihn in der letzten Zeit so melancholisch stimmte. Dabei war in wenigen Tagen Ostern und im Hasendorf hatten sie alle Pfoten voll zu tun.

Aber er konnte sich nicht einmal auf das Eiermalen konzentrieren, was ihm früher so viel Freude gemacht hatte. Wenn er morgens in seiner Höhle unter dem Haselnussstrauch aufwachte, sich mit den Pfoten den Schlaf aus den Augen wischte, dann entfuhr ihm schon der erste tiefe Seufzer. Achjemine, dachte er betrübt, warum bin ich nur wieder so furchtbar traurig? Er streckte sich, dehnte und spreizte seine Hinterläufe, schüttelte die Müdigkeit aus dem Pelz, bürstete seine Plüschohren, kämmte seine Barthaare, sodass sie keck nach rechts und links abstanden – und war immer noch traurig.

Dann brachte er seine Junggesellenwohnung in Ordnung, schüttelte die Heumatratze auf, die noch warm war, und hoppelte zum Vorratsschrank hinüber. Er nahm eine Mohrrübe heraus, riss ein paar Blätter vom Rotkohl ab und setzte sich damit vor den Eingang zu seiner Wohnung. Missmutig begann er, sein Frühstück zu mummeln, während er in den blauen Himmel blickte, an dem weiße Schäfchenwolken entlangsegelten. »Ach«, seufzte er, »warum bin ich nur so schrecklich traurig?«

Im Hasendorf herrschte schon geschäftiges Treiben. Man merkte, dass das Osterfest immer näher kam. In den Lagerräumen stapelten sich die bunten Eier, immer neue Kiepen mit frischen Eiern wurden herangeschafft und in den Werkstätten abgeliefert. Im Schatten der alten Ulme, hinter einer Wacholderhecke versteckt, saß das Künstlerteam bei der Frühschicht. Zwanzig Hasen waren stumm über die Eier gebeugt, für die sie immer neue Muster erfinden mussten. Nur wenn die gelbe Narzisse, die sich als Allererste aus dem Boden gewagt

hatte, leise läutete, dann legten die Hasen die Eier zur Seite und machten eine kleine Verschnaufpause.
Archibalds Nachbar lief die Dorfstraße hinunter. Verwundert blieb er stehen, als er Archibald so untätig vor dem Eingang sitzen sah. »He, alter Faulpelz«, rief er, »du willst wohl überhaupt nicht mehr arbeiten, wie? Die anderen malen sich die Pfoten wund und du …!« Archibald hob seine Mohrrübe hoch. »Wie du siehst«, sagte er, »bin ich noch beim Frühstück. Außerdem habe ich Ohrenschmerzen.« – »Ohrenschmerzen, Ohrenschmerzen!«, rief der Nachbar höhnisch. »Ich weiß, was das für Ohrenschmerzen sind! Du hast Liebeskummer, das ist alles! Du ärgerst dich, weil Fräulein Rosinante Seidenweich nicht auf deinen Brief geantwortet hat!« Noch ehe Archibald die Pfoten zu Fäusten ballen konnte, war der Nachbar mit keckem Grinsen davongehoppelt.
Archibald setzte sich wieder, hob die Mohrrübe auf, die ihm aus der Pfote gefallen war, putzte den Staub ab und runzelte nachdenklich die Stirn. »Liebeskummer«, sagte er prüfend, »Liebeskummer …« Er horchte in sich hinein. Ob das stimmen konnte? Nun, er musste zugeben, dass er nicht mehr der Alte war, seit Fräulein Rosinante Seidenweich ihm über den Weg gehoppelt war. Nicht mehr der fröhliche, pfiffige Draufgänger, der mit jedem sofort einen Wettlauf aushandelte und der zu jedem dummen Streich aufgelegt war. Er hatte sich verändert, das ist wahr. Aber Fräulein Rosinante Seidenweich

war auch wirklich ein besonders entzückendes Hasenmädchen, mit den possierlichsten Ohren, die er je bei einem Hasenweibchen gesehen hatte. Und sie verstand es, ihre bernsteinfarbenen Augen so weit aufzureißen, dass einem ganz schwindelig wurde, wenn man hineinschaute …

Und als er am letzten Sonntag Fräulein Rosinante dabei beobachten durfte, wie sie ihre herrlichen weißen Vorderzähne in das saftige Fleisch einer Rübe bohrte, wirklich, da war es um seinen Gleichmut geschehen. »Fräulein Seidenweich oder keine«, hatte er sich auf dem Heimweg damals gesagt und seine Barthaare hatten gezittert, so aufgeregt war er gewesen, als er ihr diesen Brief schickte, in dem er ihr seine Liebe gestand.

Archibald seufzte und legte gramvoll seine Pfoten über die Augen. Fräulein Rosinante hatte nämlich nie geantwortet, und nun war er sicher, dass sie ihr Hasenherz schon anderweitig vergeben hatte.

»Ach, Rosinante«, seufzte er laut, »ach, schönes Fräulein Rosinante.«

»Sprechen Sie mit mir?« Eine Stimme ließ Archibald aus seinen Träumen aufschrecken. Verwirrt sah er auf – und blickte geradewegs in die schönen bernsteinfarbenen Augen von Rosinante Seidenweich. Sie hatte die rechte Pfote in die Taille gestützt und wiegte sich leicht in den Hüften hin und her, dabei klopfte der weiße Buschelschwanz im Takt auf den Boden. Mit einem Wort, sie sah bezaubernd aus. Ganz verwirrt sprang Archibald auf, strich das Fell an den Schläfen glatt und verbeugte sich rasch hintereinander zehnmal, wobei er flüsterte: »Fräulein Seidenweich ... Welche Überraschung ... Ich hätte ja gar nicht zu hoffen gewagt, dass Sie ...«

Mit einem schnippischen Lächeln unterbrach sie ihn. »Aber Sie haben mir doch einen Brief geschrieben. Oder sollten Sie den schon vergessen haben?«

Archibald schüttelte den Kopf. »Oh nein! Nein, niemals! ...«

Rosinante Seidenweich hob ihre langen, gebogenen Wimpern und blickte in den blauen Frühlingshimmel. »Ein schöner Tag heute, nicht wahr? Ich denke, dass wir übermorgen zum Hasenball ein schönes Wetter haben werden. Und überhaupt ... Was wäre Ostern ohne Sonne!«

Archibald nickte. Er konnte sich kaum auf das konzentrieren, was Rosinante mit ihrer überaus lieblichen Stimme sagte. Immer wieder musste er sie verstohlen von der Seite ansehen. Wie schön sie war! Wie ihr Fell glänzte! Wie ihre Augen leuchteten!

Rosinante blickte zur Kirchturmuhr auf. »Oh«, sagte sie erschrocken, »schon neun Uhr! In zwei Stunden muss ich wieder an die Arbeit. Heute haben wir noch einen Korb mit Schokoladeneiern zu verpacken. Alle in Glanzpapier, mit seidenen Bändern ... So eine anstrengende Arbeit!« Sie sah Archibald an, als wollte sie noch etwas sagen, aber dann schwieg sie doch. Sie streckte ihre Pfote aus, nachdem Archibald dreißig Sekunden lang mit hochrotem Kopf herumgedruckst und doch kein Wort herausbekommen hatte. »Also dann«, hauchte sie, während sie ihre Wimpern über die Augen senkte, »auf Wiedersehen, Herr Plüschohr!«

Plötzlich wurde Archibald lebendig. Er griff ihre Pfote und presste sie an seine Hasenbrust. »Ach, bitte! Ach, Fräulein Rosinante, so bleiben Sie doch noch etwas. Ich habe ... Ich habe Ihnen noch so viel zu sagen!«

»Warum schweigen Sie dann?«, fragte Fräulein Seidenweich mit einem leichten Vorwurf. »Weil ich so verwirrt bin! Ihre Gegenwart ... Ihre Schönheit... Kurz, ich kenne mich selbst nicht mehr.« Fräulein Rosinante zog pikiert die Bartspitzen hoch, und Archibald holte tief Luft, um sich zum Äußersten zu zwingen. »Dürfte ich Sie zu einem kleinen Spaziergang einladen, Fräulein Seidenweich?«, bat er beherzt. »Ich könnte Ihnen eine Stelle zeigen, wo das Moos schon pfotenhoch steht.«

Fräulein Seidenweich tat, als müsste sie erst überlegen. Dann nickte sie graziös. »Also gut«, sagte sie, »aber nur ein kleines Stündchen.«

Die Vögel zwitscherten, die Weidenkätzchen plusterten sich auf und überall in der Natur knirschte und wisperte und raunte es. Kein Zweifel: Das Osterfest stand vor der Tür.

»Um diese Zeit«, sagte Rosinante verträumt, während sie sich neben Archibald auf dem weichen Moos niederließ, »bekomme ich immer so ein komisches Gefühl.«

Archibald sah sie hoffnungsvoll an. »Was ist denn das für ein Gefühl? Vielleicht habe ich das auch.«

»Oh – mein Herz macht lauter Hüpfer, und wenn ich so über die Felder laufe, dann – dann träume ich immerzu.«

Sie drehte ihr Gesicht zu Archibald herum und dabei berührten sich ganz zart ihre Bartspitzen.

Archibalds Kinn bebte. »Fräulein Rosinante Seidenweich«, begann er stockend.

»Nennen Sie mich ruhig Rosi«, hauchte sie, »jetzt, wo wir schon nebeneinander im Moos sitzen.«

Ein Maulwurf wühlte sich durch die weitverzweigten Gänge seiner Wohnung, schob mit der Nase die frische Erde vor sich her und tauchte schließlich wieder prustend und schnaubend ans Tageslicht.

Er atmete tief die herzhafte Frühlingsluft ein und sah sich behaglich um. Plötzlich stutzte er, rieb sich die kleinen Augen und blickte verwirrt auf das Hasenpärchen, das dicht aneinandergeschmiegt auf dem Moos saß …

Blitzartig schoss der Maulwurf in die unterirdischen Gänge zurück, raste durch die Flure, stieß mit der Schnauze gegen die Erdwälle und rief aufgeregt: »Frau! Kinder! Wo seid ihr? Kommt schnell nach oben ans Licht! Da sitzen zwei Hasen und küssen sich!«

Die Frau des Maulwurfs, die herbeigeeilt war, sah ihren Mann mit einem nachsichtigen Lächeln an. »Dann ist bestimmt bald Ostern«, sagte sie.

Der Maulwurf blickte verwirrt. »Ostern?«, fragte er. »Wieso denn Ostern? Was hat das denn damit zu tun?«

»Weil sich die Hasen zu Ostern immer verlieben«, sagte seine Frau, »das war schon immer so.«

Und sie dachte voller Rührung an die Zeit zurück, als ihr Gatte sie noch zärtlich an seine weiche Maulwurfsbrust gedrückt und ihr zärtliche Worte ins Ohr geflüstert hatte.

Oben auf der Erde saßen Archibald Plüschohr und Rosinante Seidenweich Pfote in Pfote und blickten träumend in den Himmel, an dem die Schäfchenwolken noch immer von Westen nach Osten zogen.

James Krüss

Das Oster-ABC

Alle Vögel singen schon,
Blumen blühn im Garten,
Crocus, Veilchen, Anemon,
Die verschämten, zarten.
Eine Amsel schwatzt vom Mai,
Ferne blasen Hörner,
Glocken läuten nahebei,
Hühnchen suchen Körner,
Ida flicht sich einen Kranz,
Jakob neckt ein Zicklein,
Küsters Frieda träumt vom Tanz,
Ludwig macht sich piekfein.
Mutter Margaretha fährt
Nobel zur Kapelle.
Ottokar, der Mops, verzehrt
Plätzchen auf der Schwelle.
Qicklebendig wird's im Haus:
Ruth und Xaver Meier
Suchen fleißig drin und drauß
Taubenblaue Eier,
Unterm Bett, in Uhr und Hut,
Vase, Topf und Lade
Wühlen sie. Da findet Ruth
Xavers Schokolade.
Ypsilon, ist das nicht nett?
Zett!

Janosch

Der Vater und seine Kinder

Ein Hasenvater hatte besonders viele Kinderchen, aber keine Frau mehr. Denn sie war einem Wilderer begegnet und nicht mehr zurückgekehrt.
Als der Hasenvater nicht mehr weiterwusste, weil die Kinderchen ihm doch sehr auf die Nerven gingen, schickte er sie hinaus in die Welt, einen jeden auf seinen Weg. Er sprach zu ihnen:
»Ich bin arm, Kinder, und kann euch nichts weiter mit-

geben als jedem einen guten Rat. Befolgt ihn brav, dann kann euch nichts geschehen.«
Zum Ersten sagte er, er solle sich vor nichts und niemandem fürchten auf der Welt.
»Denn Mut, mein Sohn, ist der Vater der Tat. Und nun geh.«
Zum Zweiten sagte er, er solle dem Fuchs aus dem Weg gehen. Träfe er ihn aber, dann solle er nur den Jäger rufen, der würde ihn retten.
»Und nun geh, mein Sohn, und tue dies, dann wird dir nichts geschehen.«
Zu den Töchtern sagte er, sie sollten sich einen starken Hasen zum Manne nehmen, damit er immer genügend Futter herbeischaffen könne, dann hätten sie ein schönes, friedliches Leben.
Zum Kleinsten aber, der nicht größer war als ein Gummibär und den sie auch Jochen nannten, Jochen Gummibär nämlich, zum Kleinsten also sagte er: »Und du, mein Sohn, fürchte dich vor allem. Denn du bist klein und schwach und keiner wird dir helfen.«
Der Erste, der sich vor nichts fürchten sollte, traf bald den Wolf. Er stellte sich ihm in den Weg und bot ihm die Faust an.
»Unter die Nase oder wohin willst du sie haben, hä?«
Der Wolf zuckte kaum mit dem Ohr und fraß ihn, ohne auch nur zu antworten.
Der Zweite, der den Jäger rufen sollte, traf bald den Fuchs. Und er rannte und holte den Jäger.

»Ach, ein Häslein«, sagte der Jäger, »und gleich so nah. Da brauche ich nicht einmal Schrot.« Aus, tot für immer und ewig. Armer Hase.

Die Hasenmädels suchten sich große, starke Hasen, bekamen 20 und 30 Kinderchen und mussten tagein und tagaus arbeiten, um sie satt zu bekommen, das Leben war eine einzige Plage.

Nur Jochen Gummibär erging es gut, denn er achtete nicht den Rat des Vaters. Er zog auf Abenteuer aus, foppte den Jäger, indem er sich von ihm jagen ließ und dann in einem Mauseloch oder in einem leeren Schneckenhaus verschwand.

Und hinten in der Ferne fing der freche Fuchs in Ruhe seine Hasen, ohne dass der dumme Jäger ihn sah.

Jochen Gummibär legte sich auch oft mitten auf den Waldweg, wo die Spaziergänger und Naturfreunde herumgingen. Ließ sie auf 10 Zentimeter herankommen und war dann wie ein Blitzkäfer verschwunden. Manch einer von diesen Leuten glaubte dann, er habe schlechte Augen, sähe Traumgebilde am helllichten Tag und kaufte sich unnötig eine Brille.

Oder Jochen Gummibär ging auf die Hirschkäferjagd. Kämpfte mit den blanken Fäusten gegen die gewaltigen Tierchen.

Und besiegte sie.

Und er wurde alt und grau und keiner hat ihn je erwischt. So ist das, Kinder.

Norbert Landa

Der große Fino Schokoladenfabrik

Niemand konnte sagen, woher er gekommen war. Plötzlich stand er mitten auf einer Lichtung im Wald – dort, wo sich die wilden Hasen treffen. Sein Fell schimmerte golden und silbern, seine Ohren trug er stolz erhoben, und das Blitzen seiner Augen flößte selbst dem wildesten Hasen Respekt ein. Allen war klar: Er war ein Osterhase!

Wilde Hasen sind ein eigenes Volk. Mit den Osterhasen haben sie nicht viel zu tun.

Wilde Hasen sind stolz auf ihr wildes Leben, sagen sie. Niemals, sagen sie, würden sie freiwillig harte Eier bunt

bepinseln und in Körben zu den Menschenkindern tragen. Sagen sie. Aber natürlich wäre jeder wilde Hase gern ein Osterhase. Wenigstens einmal im Leben.
Manchmal wird ein wilder Hase mit einem Osterhasen verwechselt. Wenn zur Osterzeit Menschen den Wald durchstreifen, dann heißt es: »Guck mal, der Osterhase.« Das schmeichelt dem wilden Hasen natürlich. Und wenn er eitel genug ist, macht er Männchen und lässt sich als Osterhase bewundern ...
Plötzlich stand nun also dieser große, unerhört glänzende Osterhase auf der Lichtung des Waldes. Stumm starrte er in die Runde.
Die wilden Hasen waren plötzlich zahm wie Kaninchen. Sie rückten enger zusammen.
Einer von ihnen, Hugo mit Namen, fasste sich ein Herz. Er trat vor und räusperte sich und sagte: »Will« – und räusperte sich noch einmal und sagte endlich: »Willkommen bei uns im Hasenwald!«
»Willkommen im Hasenwald!«, riefen die wilden Hasen, erfreut darüber, dass es etwas zu tun gab.
Dann war es wieder still. Verzagt saßen die wilden Hasen vor dem mächtigen, strahlenden Osterhasen.
»Womit können wir dienen?«, fragte Hugo.
Der Osterhase schwieg.
»Purzelbäume gefällig?«
»Au ja, Purzelbäume!«, schrien die wilden Hasen. Über Purzelbäume würde er sich bestimmt freuen. Also purzelten sie wild durcheinander.

Aber der hohe Herr Osterhase verzog keine Miene.
»Vielleicht will er Möhren«, schlug Willi zaghaft vor und hielt ihm eine unter die Nase.
Der hohe Herr schnupperte nicht mal.
Doch Willi hatte etwas gesehen. »Auf seiner rechten Pfote«, flüsterte er, »steht *Fino Schokoladenfabrik*.«
»Fino Schokoladenfabrik!« Ehrfurchtsvoll ging der Name reihum. »Was für ein würdiger Name. So lang und so schwierig!«
Gut zu wissen, wie der hohe Herr Osterhase hieß. Aber was weiter? Es war schon fast Mittag und die wilden Hasen wollten nicht ewig auf der Lichtung warten. Doch man konnte Herrn Fino Schokoladenfabrik auch nicht alleine lassen.
Schließlich blieb Willi zur persönlichen Betreuung des Herrn Fino zurück. Denn er kannte ihn am besten von allen.
Willi setzte sich zu Herrn Finos Füßen, bereit, ihm jeden Wunsch von den Lippen abzulesen. Aber der blieb stumm.
Die Sonne brach durch das Geäst; es wurde Mittag. Und es wurde heiß auf der Lichtung und immer heißer.
Plötzlich fuhr Willi hoch. Herr Fino hatte sich bewegt. Sein rechter Löffel bog sich sanft nach unten. Dann der linke. Willi stand wie vom Donner gerührt: Was war das?
Herr Fino sank in sich zusammen. Alles an ihm blieb blitzend und hell, doch sein Haupt schien kleiner zu

werden, die glänzende Schnauze drückte sich nach innen, und die strengen, starren Augen rückten zusammen: Herr Fino schielte plötzlich fürchterlich.
»Er schmilzt!«, schrie Willi verzweifelt. »Heilige Mohrrübe, der schmilzt mir weg wie ein Schneemann!«
Aber da war nichts mehr zu retten. Herr Fino schmolz weiter. Und wo jetzt auch noch die Hülle aufriss, quoll eine warme, duftende Masse heraus.
Willi schnupperte. Und schnupperte. Und plötzlich vergaß er all seine Pflichten.
Herr Fino schmeckte ausgezeichnet.
Am Abend fanden die wilden Hasen einen Willi, der mit verklebter Schnauze neben einer gold- und silberglänzenden Kugel hockte. Das war nämlich alles, was von Herrn Fino übrig geblieben war.
Willi hob die Pfote und gebot Schweigen. Er rief: »Herr Fino Schokoladenfabrik hat uns verlassen. Es hat puff gemacht und weg war er.«
»Wie hat es gemacht?«, fragte der schwerhörige Theodor.
»Puff!«, wiederholte Willi. »Puff, und er war fort. Zurückgelassen hat er nur diese glänzende Kugel, mit der man prima Fußball spielen kann.«
Ob ihm die wilden Hasen wirklich glaubten? Nun, sie waren vor allem froh, dass die unheimliche Begegnung ein Ende hatte. Das war das Wichtigste. Als Willi vorzeigte, wie man einen Elfmeter schießt, da hatten sie die Herkunft des Balles auch schon wieder vergessen.

Und so sollten sie nie die Wahrheit über den Schokoladenhasen erfahren, den ein wirklicher Osterhase auf der Waldeslichtung vergessen hatte …

Christina Koenig

Piratenhasen

Letztes Jahr hatte ich überhaupt keine Lust auf Ostern. So ein Kinderkram. Das war nichts für mich.
Ich war mit meinen Gedanken ganz woanders: in der Welt der Piraten! Ich las alles über Piraten, was mir in die Finger kam. Wirklich alles. Schließlich wollte ich ja selbst einer werden!
Was nichts mit Piraten zu tun hatte, rauschte an mir vorbei. Interessierte mich nicht. Klar, essen musste ich noch und aufs Klo gehen. Auch die Schule blieb mir nicht erspart und mein kleiner Bruder Florian auch nicht.

Aber die doofe Ostereiersucherei, das war zu viel. Das war was für Babys. Ich beschloss, Ostern nicht mitzumachen.
Meine Eltern waren einverstanden.
Vor dem Osterspaziergang konnte ich mich allerdings nicht drücken. Da musste ich mit. Wegen der Bewegung.
»Na ja«, dachte ich mir, »dann schau ich halt mal bei meiner Deichanlage vorbei.« Die hatte ich nämlich selbst gebaut. Hinter der Brücke am Pietsch-Bach.
Alles war in Ordnung, stellte ich fest. Nur eine Flasche hatte sich in den Zweigen des Dammes verheddert. Ich fischte sie heraus. Und dann machte ich *die* Entdeckung: Es war eine Flaschenpost! Das stell sich mal einer vor! Eine echte Flaschenpost! Von einem gekaperten Schiff oder von Schiffbrüchigen aus der Südsee!
Aber es sollte noch besser kommen. In der Flasche war nämlich eine echte Schatzkarte.
Der Osterspaziergang wurde natürlich sofort unterbrochen, und die Eltern, Florian und ich hingen mit den Nasen über der Karte. Auf der war so etwas wie ein Hügel eingezeichnet. Ein Hügel mit einem Adler. Und vor dem Hügel war ein Fluss. Und vor dem Fluss ein Wald mit einem Totenkopf.
Florian bekam es mit der Angst zu tun. Er verstand zwar nicht, worum es ging, aber der Totenkopf war ihm unheimlich. Er wollte die Flasche wieder in den Bach werfen. Das kam natürlich nicht infrage. Außerdem war

der Totenkopf doch nur ein Trick. Das war mir sofort klar. Der sollte doch nur von dem Wald abschrecken, wo der Schatz vergraben lag!
Eine Ewigkeit haben Papa und ich dann überlegt, um was für einen Wald es sich handeln könnte. Ein Fluss musste in seiner Nähe sein und ein Hügel.
Nun, einen Fluss hatten wir auch. Gleich hinter unserem Wäldchen. Aber was der Adler auf dem Hügel sollte? Wo gab es denn schon Adler?
Dann fiel mir siedend heiß ein, dass der kleine Berg hinter der Ortsausfahrt Greifhügel genannt wird. Ich bin fast gestorben vor Aufregung! Das war es. Das war die Lösung! Adler sind doch Greifvögel!
Es musste sich also um *unseren* Wald handeln, der auf der Karte eingezeichnet war! Eindeutig. Denn unser Wald lag dem Greifhügel am nächsten!
Wir gingen sofort nach Hause. Ich schnappte mir eine Schaufel und machte mich auf in den Wald. Mein kleiner Bruder lief mit einem Körbchen hinter mir her. Er wollte Ostereier suchen.
Ich überlegte, worauf ich alles zu achten hatte. Die spannendsten Stellen Dutzender Schatzsucher-Bücher zogen an mir vorbei. Ich musste einfach auf alles achten! Auf jede Besonderheit. Auf Zeichen in den Baumrinden, auf abgeknickte Äste, auf auffällig gewachsene Bäume. Alles und jedes konnte ein Hinweis auf den vergrabenen Schatz sein!
Meter für Meter durchkämmte ich den Wald. Jeden hoh-

len Baumstamm knöpfte ich mir vor. Sogar den Sumpf mit den toten Birken, um den ich sonst immer einen riesigen Bogen machte.
Aber alles umsonst! Nicht die kleinste Silbermünze! Fast hätte ich aufgegeben.
In der Nähe von meinem alten Baumhaus aber erregte ein alter Lappen meine Aufmerksamkeit. Er hing schlapp von einem Ast herunter und hatte etwas von einer Fahne. Zufällig baumelte der bestimmt nicht da herum. Als ich die Lappenfahne mit einem Stock auseinanderzog, erkannte ich deutlich die ausgeblichenen Umrisse eines Totenkopfs.
Hier musste es sein! Ich stellte mir schon Berge von Gold und Edelsteinen vor.
Wie wahnsinnig fing ich zu buddeln an. Genau unter dem Ast mit dem Lappen. Wildschweine hatten an der Stelle wohl auch schon ihr Glück versucht, denn die Erde war ziemlich locker.
Nach ein, zwei Schaufelbreiten stieß ich auf etwas Hartes. Dunkle Holzplanken! Jetzt buddelte ich mit den Händen weiter, damit nichts kaputtging.
Endlich hatte ich es geschafft! Sie lag vor mir: die Kiste mit dem Schatz! Feucht und rostig war sie und nicht besonders groß. Und der Deckel klemmte auch. Nur mit allergrößter Mühe schaffte ich es, ihn mit der Schaufel aufzustemmen.
Ich starrte hinein und traute meinen Augen nicht. Der Inhalt war ziemlich anders, als ich ihn mir vorgestellt

hatte. Kein Gold. Keine Pokale. Keine kostbaren Waffen – Ostereier waren in der Kiste! Haufenweise Ostereier. Verpackt in silber- und goldfarbene Alufolie. Da fiel bei mir der Groschen.

Meine Eltern hatten mich reingelegt! Mann, ich war vielleicht sauer!

Kurz darauf kam Florian angewackelt und zeigte mir sein Körbchen. Lauter kleine braune Dinger hatte er gesammelt. Florian war stolz wie Oskar. Zu Recht. Schließlich waren die braunen Winzlinge auch vom Osterhasen. Waschechte Hasenköttel waren das!

Nun musste ich doch lachen und konnte gar nicht mehr aufhören. Das war der Witz des Tages!

Dann habe ich die Hasenköttel ausgeschüttet und Eier aus meiner Schatzkiste in sein Körbchen gelegt. Mit Kiste und Körbchen sind wir dann nach Hause gezuckelt. Und es wurde noch ein richtig tolles Osterfest.

Barbara Bartos-Höppner

Ganz zeitig war der Osterhase da

»Was machst du denn, Schnüpperle«, fragt Annerose, »warum stehst du denn wieder auf?«
»Ich möchte unbedingt noch mal zum Fenster rausgucken.«
»Draußen ist es doch stockfinster.«
»Überhaupt nicht«, sagt Schnüpperle, »der Mond scheint.«

Mutter hat heute zeitig Gute Nacht gesagt, weil Besuch kommt.
Schnüpperle rückt sich einen Stuhl ans Fenster und kriecht hinter den Vorhang. »So«, sagt er, »und jetzt wart ich, bis er kommt.«
»Wer denn?«, fragt Annerose.
»Der Osterhase. Susanne hat gesagt, wer weiß, ob's überhaupt stimmt. Und ich möchte ihn auch so gerne mal richtig sehen.«
»Aber dann macht's doch keinen Spaß mehr morgen. Dann wissen wir doch, wohin er die Eier versteckt hat.«
Eine Weile ist Schnüpperle still, dann sagt er: »Nein, wenn er anfängt, kriech ich gleich ins Bett. Aber jetzt bleib ich auf dem Stuhl sitzen und warte, und du musst den Wecker stellen, Annerose, weil ich womöglich einschlafe.«
»Wecker stellen«, sagt Annerose, »kannst du mir vielleicht sagen, wann er klingeln soll?«
»Na, er muss klingeln, wenn ich eingeschlafen bin.«
»Und wann schläfst du ein?«
»Das weiß ich doch jetzt noch nicht. Das werden wir ja sehen, wenn der Wecker klingelt.«
»Schnüpperle, du hast von solchen Sachen keine Ahnung.«
»Wieso? Vater hat gesagt, auf einen Wecker muss man sich verlassen können. Also, stell ihn ein. Du kannst ihm ja sagen, dass ich den Osterhasen sehen will. Wenn Vater den Wecker aufdreht, sagt er auch immer,

lass mich nicht im Stich, alter Freund, ich muss morgen zeitig raus.«
»Schnüpperle«, sagt Annerose, »das geht alles nicht so, wie du dir das denkst. Es wird das Beste sein, ich setz mich neben dich und rüttel dich, wenn du eingeschlafen bist.«
»O ja«, sagt Schnüpperle, »und wenn du eingeschlafen bist, dann rüttel ich dich, und dann werden wir's schon nicht verpassen.«
Am anderen Morgen, als Schnüpperle wach wird, liegt er in seinem Bett und Annerose auch.
»Annerose«, ruft er, »Annerose, ob das der Osterhase gemacht hat?«
»Das glaub ich nicht, das werden Vater und Mutter gewesen sein.« Mit einem Male ist sie wach.
»Schnüpperle, heut ist Ostern, los, Eier suchen!«
Sie springen zur gleichen Zeit aus dem Bett. Mutter hat den Frühstückstisch schon gedeckt. Der Osterzopf steht mittendrauf und die Körbe zum Eiersuchen sind auch bereitgestellt. Nachdem sie sich alle frohe Ostern gewünscht haben, kann es losgehen. Vater macht die Terrassentür auf. Als Erster rennt Purzel in den Garten. Aber schon neben der Tür sieht es Schnüpperle glitzern.
»Annerose, Annerose«, ruft er, »hier ist ja schon ein Nest. Annerose, ich glaube, es ist doch der Osterhase gewesen, du weißt schon, bei uns oben. Er ist bestimmt schon ganz zeitig da gewesen, muss er ja, sonst schafft er's doch nicht.«

Und wo sie dann überall Eier finden! Zwischen den Rosen, unter dem Fliederstrauch, bei den Osterglocken und im Steingarten. Zuletzt finden sie noch eins zwischen den Primeln, das hätten sie fast übersehen. Und von allen Eiern liegen immer zwei gleiche in jedem Nest. Deshalb gibt's mit dem Teilen überhaupt keinen Streit.
»Donnerwetter«, sagt Schnüpperle, »das ist aber ein guter Osterhase. War er denn vor Ostern auch schon mal da, Mutter?«
»Nein«, sagt Mutter, »warum denn?«
»Na, weil er so gut Bescheid gewusst hat, dass hier Annerose wohnt und ich.«
»Ja, das ist wirklich erstaunlich«, sagt Vater.
Schnüpperle nickt. »Der ist noch schlauer als das Christkind, Vater. Dem Christkind haben wir ja Wunschzettel geschrieben, da musste es ja wissen, wer hier wohnt. Aber der Osterhase wusste es ganz von allein.«
Später, als sie beim Frühstück sitzen, klingelt es. Annerose geht zur Tür. Draußen steht Annelie.
»Ist Schnüpperle da?«
»Ja«, sagt Annerose.
»Wenn er Zeit hat, soll er mal rumkommen zu uns, ich möcht ihm was zeigen.«
»Warum hast du es denn nicht mitgebracht?«, ruft Schnüpperle.
»Weil ihr Purzel habt, da geht es nicht.«
»Warte«, ruft Schnüpperle, »ich bin gleich mit Frühstücken fertig. Ist's was vom Osterhasen?«

»Ja«, sagt Annelie, »was ganz Liebes.«
»Habt ihr etwa noch ein Buberl gekriegt?«
»Nein«, ruft Annelie, »ich hab einen kleinen Osterhasen gekriegt, vom Osterhasen. Er hat ihn in einen Korb gesetzt und unter den Eierbaum gestellt.«
»Einen richtigen Osterhasen?«
»Ja, einen richtigen. Er ist ganz weiß.« Da ist Schnüpperle nicht mehr zu halten. Er kaut noch, als sie losgehen. Dann bleibt er lange fort.
Auf einmal klingelt es.
»Nicht gleich aufmachen«, ruft Schnüpperle draußen, »ihr müsst erst Purzel einsperren. Wir wollen euch nämlich den kleinen Osterhasen zeigen.«
Mutter sperrt Purzel ein und Annerose macht die Tür auf. Draußen steht Annelie neben Schnüpperle, sie hat ein kleines weißes Kaninchen auf dem Arm. Es legt die Ohren an und drückt sich ängstlich an Annelie.
»Ich hab's auch schon mal auf dem Arm gehabt«, sagt Schnüpperle, »und da ist es an mir hochgekrochen und hat mich bemüffelt. Und jetzt bettet Annelie es in den Puppenwagen und dann fahren wir's aus. Damit ihr Bescheid wisst. Wir müssen ihm nämlich zeigen, wo es hingehört. Und Annelies Vater hat ihm schon einen Käfig gezimmert, weil es im Garten nicht weglaufen soll. Aber es ist ein großer Käfig, damit es nicht traurig ist.«
Annelie nickt zu allem.
»Und einen Namen muss es auch noch kriegen«, sagt sie, »es kann doch nicht bloß Haserl heißen.«

»Haserl«, sagt Annerose, »das find ich ja so süß. Gibst du mir den kleinen Osterhasen auch mal her?«

Annelie nickt. Aber sie streichelt ihn gleich wieder, als er auf Anneroses Arm sitzt.

Dann geht sie mit ihm nach Hause und Schnüpperle geht mit.

Als er wiederkommt, sagt er: »So schön wie heut war's überhaupt noch nicht zu Ostern. So einen riesengroßen Korb voll Ostereier hab ich überhaupt noch nicht gesehen.«

Schnüpperle schüttet den Korb auf dem Tisch aus und fängt an, die Eier zu sortieren.

»Marzipan, Krokant, Schokolade, Zuckereier, ach, und die hier in dem schönen, glänzenden Papier, das sind bestimmt welche mit so was Schluckerigem drin zum Trinken. Und Annelie hat einen kleinen Osterhasen gekriegt und ich kann jeden Tag hineingehen und ihn streicheln.«

Josef Guggenmos

Warum Frau Kuckuck ihre Eier in fremde Nester legt

»Rotkehlchens!« Frau Kuckuck landete außer Atem auf dem Buchenast neben ihrem Mann. »Ich habe Frau Rotkehlchen gesehen, Halme im Schnabel! Kein Zweifel, Rotkehlchens fangen schon mit dem Nest an! Da gehe ich jede Wette ein!«

»Lass sie!«, entgegnete der Kuckuck gelassen. »Es kommt nicht darauf an, wer sein Nest zuerst fertig hat. Wer das beste Nest baut, der ist ein Mann! – Wir überstürzen nichts!«

»Nein!«, sagte die Frau.

»Wir werden ein Nest bauen ...« Der Kuckuck blähte sich auf und rief, als hielte er eine Rede vor versammelter Vogelschar: »Ein Nest, das sich sehen lassen kann!«
»Bestimmt!«, rief seine Frau. – »Ich bin gleich wieder da!«
Als sie zur Buche zurückkam, trug sie ein Büschel Halme im Schnabel. »Sieh dir diese Halme an! Ist das nicht Qualität? Als ich sie sah, da habe ich mir gesagt: Die müssen mit! So was lässt man doch nicht einfach stehen! Oder glaubst du vielleicht, diese Halme wären morgen noch da gewesen? Nach so was leckt sich doch jeder alle acht Zehen ab!«
Und schon begann sie, die Halme zu einem Zweig zu flechten. Husch, flog sie fort. Husch, kam sie mit neuen Halmen wieder.
So hätte sie ohne Zweifel weitergemacht, heute, morgen, übermorgen. Bis das Nest fertig gewesen wäre. Doch ihr Mann räusperte sich und sprach: »Was du da machst, Frau, ist grundverkehrt.«
»Wirklich«, sprudelte seine Frau hervor, »ein Frühlingswetter ist das heute! Ein Nestbauwetter, wie es im Buche steht! So was muss man ausnützen!« Und fort war sie. Doch als sie zurückkam, saß ihr Mann breit vor dem angefangenen Nest. »Lass dir etwas sagen!«, sprach er. »So wie du dir das denkst, geht es nicht. Du baust das Nest viel zu weit außen. Wo hast du deinen Kopf? Bedenkst du denn nicht, dass es auch einmal Sturm geben kann. Stell dir vor: Sturm! Sturm! Die Zweige schwingen auf und ab und hin und her. Und unsere armen

Söhne und Töchter im Nest werden durcheinandergebeutelt …«
»Durcheinander was?« – »Durcheinandergebeutelt. Hin und her geschleudert, dass ihnen Hören und Sehen vergeht, und womöglich wird eins gar aus dem Nest geworfen! Schon beim Gedanken daran wird mir übel. Nein! Das Nest so weit außen am Zweig zu bauen ist heller Wahnsinn!«
»Goldhähnchens drüben in der Fichte …«
»Goldhähnchens! Sind wir Goldhähnchens? Wie kannst du uns mit diesen Wichten vergleichen? Und wenn diese ganze mickrige Sippe dort drüben aus dem Nest geschleudert wird – ist das ein Schaden? Wir ziehen Kuckucke auf! Und für Kuckuckskinder ist das sicherste Nest gerade gut genug. – Das Nest wird hier an den Stamm gebaut!«
Die Kuckuckin tat, wie der Kuckuck befohlen hatte. Sie löste die ineinander verwobenen Halme wieder auf und baute das Nest in die Astgabel am Stamm.
Doch es dauerte nicht lange, da hatte Herr Kuckuck einen neuen Einfall: »Übrigens, was Goldhähnchens betrifft. In dem einen muss ich ihnen recht geben: Eine Fichte schützt besser als eine Buche. Wir bauen unser Nest auch in die Fichte. An den Stamm natürlich.«
Frau Kuckuck baute das Nest in die Fichte. Während sie sich plagte, saß ihr Mann in der Nähe und verfolgte ihr Tun mit gerunzelter Stirn. Hin und wieder machte er einen kleinen Ausflug.

Als er wieder einmal von einem Abstecher zurückkam, seufzte seine Frau erleichtert auf und sprach: »Gleich ist es geschafft!«
»Wie?«, rief da der Kuckuck und tat sehr erstaunt. »Du willst doch nicht etwa sagen, dass unser Nest kein Dach bekommt?«
»Ein Dach?«, fragte seine Frau erschrocken. »Es geht auch ohne Dach! Haben Buchfinkens ein Dach gebaut? Kernbeißers? Dorndrehers? Goldammers? Bussards?«
»Aber Schwanzmeisens!«, erklärte Herr Kuckuck. »Das genügt! Sollen es unsere Kinder schlechter haben als die Schwanzmeisenkinder? Soll es auf die Kuckuckskinder regnen und vielleicht sogar schneien, während die Schwanzmeisenkinder im Trockenen sitzen? Nein, das lasse ich, der Vater, nicht zu! Wir bauen ein Dach!«
»Wir, wir!«, rief die Kuckuckin ärgerlich. »Hast du auch nur einmal die Zehe gerührt, um mir beim Bau zu helfen? Ich arbeite mich zu Tode, dass unsere Kinder ein ordentliches Nest bekommen, während du, der Vater, herumsitzt und zuschaust!«
»Es genügt nicht, ganz einfach draufloszuarbeiten«, erklärte der Kuckuck. »Ohne sorgfältige Überlegungen kann nichts Ordentliches zustande kommen. Die Planung aber, diese schwierige Aufgabe, habe ich auf mich genommen. Und für dieses verantwortungsvolle Amt muss ich klaren Kopf behalten.«
»Ich denke, es ist reichlich genug geplant worden«, stellte Frau Kuckuck fest. »Es wird nämlich Zeit, dass

ich mit dem Eierlegen beginne. Entweder du packst mit an oder wir lassen das Dach.«
Dem Kuckuck blieb nichts anderes übrig, als seiner Frau beim Nestbau zu helfen. Doch sein Interesse an der Arbeit schien nicht sehr groß zu sein.
»Dahinten klopft einer«, sagte er nach einer Weile.
»Der klopft schon lange«, erklärte seine Frau. »Lass ihn klopfen! Wir müssen uns dranhalten, wenn wir das Dach noch rechtzeitig hinkriegen wollen.«
Der Kuckuck aber rief: »Ich muss doch schnell mal nachschauen!« Und er schwirrte ab.
»Wo treibst du dich herum?«, rief ihm seine Frau ärgerlich entgegen, als er zurückkam. »Unser Dach!«
»Das Dach kannst du dir schenken!«, erklärte der Kuckuck verächtlich. »Und dieses ganze lächerliche Nest dazu! Wie kann man seine Kinder einem solchen windigen Gebilde anvertrauen! Weißt du, wer dort hinten gearbeitet hat? Der Specht! Er hat eine Höhle in eine Eiche gehauen. Eine Höhle in einer Eiche! Das nenne ich mir eine solide Kinderstube! Alles andre sind Faxen! Wir meißeln uns auch eine Höhle.«
Die Kuckuckin wehrte sich energisch: »Wir können uns keine Experimente mehr leisten. Dafür ist die Zeit zu kurz. Außerdem verstehe ich mich nicht aufs Meißeln.«
»Ja, Meißeln«, erklärte der Kuckuck großspurig, »das ist allerdings etwas anderes als Hälmchen-Flechten. Da muss ein Mann her! Ich suche jetzt eine ordentliche Eiche. Dann siehst du die Späne fliegen!«

Es dauerte drei Stunden, bis der Kuckuck die geeignete Eiche gefunden hatte.
Es war die mächtigste Eiche weit und breit, ein wahrer Baumriese.
Der Kuckuck suchte sich eine Stelle auf der Südseite des Stammes aus. Er bog den Kopf zurück und schlug dann mit voller Wucht mit dem Schnabel zu, wie er es beim Specht gesehen hatte. Darauf saß er wie betäubt. Es dauerte fünf Minuten, bis er nur imstande war, seinen Kopf zu schütteln. Kein Span war geflogen. Eine winzige Delle in der rissigen Borke der Eiche, das war alles.
»Es muss am Baum liegen«, meinte er kleinlaut. Er versuchte seine Kunst noch an einer Pappel und an einer Weide. Vergebens.
»Fliegen wir zu unserer Fichte zurück«, sagte die Kuckuckin. »Ich muss mit dem Eierlegen beginnen. Zu einem Dach haben wir es nicht mehr gebracht. Aber bei anderen muss es auch so gehen.«
Auf der Fichte erwartete die beiden eine böse Überraschung. Das verlassene Nest war von Vögeln, die noch Material brauchten, geplündert und abgetragen worden. »Da haben wir's nun!«, klagte Frau Kuckuck. »Alle haben ein Nest, nur wir nicht. So musste es kommen! Was mache ich nun mit den Eiern? Was mache ich nur?« Am Ende fiel ihr doch etwas ein und sie sagte zu ihrem Mann: »Da du zu sonst nichts taugst, so schrei wenigstens, so laut du kannst.«

Und nun schreit der Kuckuck aus Leibeskräften. »Kuck, kuck!« Und während die anderen Vögel schauen, was es denn da zu kucken gibt, legt ihnen Frau Kuckuck heimlich die Eier ins Nest.

Tilde Michels

Osterhasen-Story

In einer einsamen Heide, wo nie ein Mensch hinkam, gab es einmal ein Osterhasendorf. Dort lebten alle Osterhasen einträchtig zusammen. Zur Osterzeit legten sie bunte Eier, trugen sie in Körben zu den Menschen und versteckten sie für die Kinder.
So weit war alles gut!
Mit der Zeit aber gab es immer mehr Kinder und diese Kinder wollten immer mehr Ostereier haben. Die Hasen kamen mit dem Legen einfach nicht mehr nach,

und es passierte oft, dass Kinder ihre Osternester leer fanden.
So konnte es nicht weitergehn, das war klar. Deshalb kamen die Osterhasen auf dem großen Heideplatz zusammen, um zu beraten.
Der Altosterhase sprach als Erster. »Liebe Osterhasenbrüder und -schwestern, ihr wisst, um was es geht: Der Markt für Ostereier hat sich beträchtlich erweitert. Wir müssen mehr produzieren.«
»Mehr? Wie denn, wie denn?«, riefen die anderen. »Wir tun ja schon, was wir können!«
Alle begannen, laut durcheinanderzureden:
»Pro Tag ein Ei – mehr geht nicht.«
»Ein Ei ist mehr als genug. Ich hab schon einen ganz wehen Hintern von dem Gedrücke.«
»Es gibt viel zu wenig Osterhasen.«
»Richtig! Der Nachwuchs fehlt.«
»Die Jungen wollen keine Eier mehr legen.«
Hier schalteten sich die Junghasen ein.
»Stimmt! Wir wollen nicht!«
»Diesen Stress machen wir nicht mit!«
»Außerdem sind wir Säugetiere und kein Federvieh.«
»Das Eierlegen muss abgeschafft werden!«
Dieser Protest der Jungen löste einen Tumult aus.
Die Junghasen verteidigten ihre Ansicht lautstark. Die Älteren redeten lautstark dagegen:
»Noch grün hinter den Löffeln!«
»Erst mal Erfahrung sammeln!«

»Wir in eurem Alter …«

Der Altosterhase hob beide Vorderläufe, um sich Gehör zu verschaffen.

»Ich finde«, rief er, »ich finde, die Junghasen haben gar nicht so unrecht. Mit dem Eierlegen betreiben wir in der Tat ein – man könnte sagen – artfremdes Geschäft. Es wäre besser, wenn wir uns auf unsere natürliche Bestimmung als Säugetiere besinnen würden.«

»Und wer bitte«, schrie ein Hase, »soll in Zukunft die Ostereier legen?«

Der Altosterhase schaute pfiffig in die Runde. Alle sahen ihm an, dass er etwas Besonderes auf Lager hatte.

»Ich schlage vor«, sagte er, »dass wir das Legen der Eier …« Er unterbrach sich und schaute wieder pfiffig in die Runde. Damit erreichte er, dass die Spannung wuchs.

»Was schlägst du vor? Sprich doch weiter!«, drängten die Hasen.

Da räusperte sich der Altosterhase und sagte: »Kurz und klar: Wir sollten das Legen der Eier den Hühnern überlassen.«

Wieder entstand ein wilder Aufruhr. Die Junghasen trommelten mit den Vorderpfoten begeistert Beifall. Die älteren Hasen aber spalteten sich in zwei Lager. Die einen waren für den Vorschlag, die andern dagegen. Die einen redeten von altehrwürdiger Pflicht, die andern von lästiger, hasenunwürdiger Plackerei.

Sie diskutierten lange, und schließlich einigten sie sich auf eine Lösung, die allen gefiel: Sie wollten Hühner

anschaffen, die das Legegeschäft übernahmen. Das Eierfärben und Verstecken aber sollten die Osterhasen weiterhin besorgen.
Da Ostern vor der Tür stand, hatte die Sache größte Eile. Eine Abordnung von drei Hasen wurde zu den Hühnern gesandt, um mit ihnen zu verhandeln. Sie boten den Hühnern ein bequemes Leben bei freier Wohnung und Kost an. Eier legen brauchten sie nur zur Osterzeit. Im übrigen Jahr sollten sie Ferien haben.
Das Angebot war verlockend, und es fanden sich sofort genügend Hühner, die darauf eingingen. So kam es, dass die drei Abgesandten schon bald mit einem großen Gefolge gackernder Hennen in das Osterhasendorf einzogen.
Die Hennen wurden gleichmäßig auf alle Osterhasen verteilt. Auf jeden trafen drei. Das macht pro Hase drei Eier täglich, also dreimal so viel wie bisher. Genug, um alle Osternester zu füllen.
Von Stund an änderte sich das Leben im Osterhasendorf. Das Färben der Hühnereier gefiel den Hasen außerordentlich. Sie fingen sogar an, Eier zu bemalen und mit Mustern zu schmücken. Es entspann sich ein wahrer Konkurrenzkampf um das schönste Osterei.
Zu Anfang waren auch die Hühner zufrieden. Aber nicht lange.
Eine weiße Henne fing als Erste zu nörgeln an. »Die Hasen suchen sich das Beste heraus. Das, was Spaß macht. Uns halsen sie die Schwerarbeit auf.«

»Die weiße Henne hat recht«, krakeelten die andern. »Wir werden ausgenützt. – Aber was sollen wir tun?«
Die weiße Henne plusterte sich auf und erklärte: »Ganz einfach! Wir färben unsere Eier in Zukunft selbst.«
Das Gegacker verstummte augenblicklich. – So einfach war das! Es musste nur einer darauf kommen.
»Klar! Selbst färben!«, schrien die Hühner.
»Unsere Eier«, sprach die weiße Henne weiter, »sind das Wichtigste. Der Grundstoff, sozusagen. Ohne Eier kein Färben, ohne Eier kein Verstecken, ohne Eier keine Ostern! – Klar?«
»Klar!«, schrien die Hühner.
»Ich schlage vor«, sagte die weiße Henne, »wir verlassen das Hasendorf noch heute und machen eine eigene Ostereier-Werkstatt auf.«
So geschah es. Und ehe die Osterhasen begriffen, was los war, gackerte und flatterte die ganze Hühnerschar aus dem Dorf hinaus.
Jetzt waren die Osterhasen wieder unter sich. Jetzt ging die Plage mit dem Selberlegen wieder los! Aber dazu hatten nur noch wenige Lust.
Die Junghasen machten sich als Erste davon. Sie liefen zu den Feldhasen über und hatten bald vergessen, dass sie ursprünglich Osterhasen werden sollten. Auch von den Älteren zogen viele das Leben in der freien Natur vor.
»Ich bin nicht mehr der Jüngste«, entschuldigte sich einer.

»Dieser Termindruck zu Ostern hat meine Nerven zerrüttet«, sagte ein anderer.
Ein Dritter meinte: »Was hat man schon davon, ein Osterhase zu sein?«
Einer nach dem andern verschwand aus dem Dorf. Zurück blieb der Altosterhase mit einem kleinen Häuflein Getreuer – alles echte, verantwortungsbewusste Osterhasen.
Sie strengten sich mit dem Eierlegen ungeheuer an. Trotzdem schafften sie es natürlich nicht, ihre Eier überall hinzubringen, und die Hühner nützten die Marktlücke nach Kräften aus. – Deshalb weiß zu Ostern keiner genau, ob er ein echtes Osterhasenei erwischt hat oder nur ein gefärbtes Hühnerei!

Monika Feth

Das Lieblingskind des Osterhasen

Wochenlang hatte Kathi über kaum etwas anderes geredet als über den Osterhasen. Von Woche zu Woche hatte sich ihre Erwartung gesteigert. Am Tag vor Ostern war es besonders schlimm.
»Wann kommt er denn nun?«, fragte sie zum hundertsten Mal.
»Heute Nacht«, antwortete ich zum hundertsten Mal.

»Aber warum denn so spät? Warum nicht, wenn ich noch auf bin?«
»Am Tag würden ihn ja alle Leute sehen«, sagte ich. »Er möchte aber nicht bei seiner Arbeit beobachtet werden, und deshalb kommt er in der Nacht, wenn alle schlafen.«
»Warum will er denn nicht, dass ihn einer bei der Arbeit sieht?«, fragte Kathi. »Ich würde ihn gerne mal sehen.«
»Keine Ahnung«, sagte ich. »Das ist eben so.«
Kathi mag keine Erklärungen, die mit »Das ist eben so« aufhören. Sie schubste ärgerlich die Katze von ihrem Schoß, stand auf und ging zu Mama ins Zimmer, um die ein bisschen zu löchern.
Als sie wieder in mein Zimmer kam, weil Mama wohl auch keine neuen Erklärungen anzubieten hatte, war ich gerade damit beschäftigt, die fälligen Bücher für die Bücherei zusammenzupacken. Ich hatte schon ein paar Mal Strafe bezahlen müssen, weil ich Bücher zu lange behalten hatte. Das sollte mir nicht schon wieder passieren.
»Ich *hab* ihn aber mal gesehen, den Osterhasen«, sagte Kathi und hockte sich zu mir auf den Boden. »Letztes Jahr. Da war ich zufällig nachts wach und musste aufs Klo und da hab ich ihn durchs Badezimmerfenster gesehen.«
»Ach nee«, sagte ich gelangweilt.
»Ach ja!«

»Und wie sieht er aus?«, fragte ich, immer noch gelangweilt.
»Er ist ganz, ganz groß. Mindestens drei Meter. Wie Onkel Gernot.«
»Onkel Gernot ist einen Meter achtundsiebzig groß«, sagte ich.
»Dann eben einen Meter achtundsiebzig. Und er läuft auf den Hinterbeinen. Und vorne hat er einen Beutel. Wie ein Känguru. Aber da ist kein Osterhasenjunges drin, sondern die Eier. Und einen Korb hat er auf dem Rücken, da sind Schokoladensachen drin.«
»Und er hüpft auch wie ein Känguru?«, fragte ich.
»Quatsch«, sagte Kathi. »Dann würden doch die Eier rausfallen.«
Ein Buch fehlte mir. Ich suchte das Regal ab. Wahrscheinlich hatte Kathi es wieder verkramt. Sie schnüffelte ständig in meinen Sachen herum, und obwohl sie noch gar nichts damit anfangen kann, haben es ihr besonders meine Bücher angetan.
»Ich hab auch mit dem Osterhasen gesprochen«, sagte Kathi.
»Wie bitte?«
»Ja. Natürlich bin ich in den Garten raus und dann hab ich gesagt: Guten Tag, lieber Osterhase. Obwohl es ja Nacht war. Aber man kann doch schlecht sagen: Gute Nacht, lieber Osterhase. Er wollte ja gar nicht ins Bett gehen.«
»Kathi, jetzt flunkerst du aber!«

Sie schüttelte den Kopf und legte die Hand aufs Herz. »Hochheiliges Ehrenwort! Er hat sich umgedreht und gesagt: Guten Tag, liebe Kathi. Wie schön, dass du aufgestanden bist. Ich langweile mich fürchterlich.«
»Das hat er gesagt?«
»Genau. Und ich hab ihm geholfen, ein paar Eier zu verteilen. Bei uns, bei Pletschkes, bei Hartmanns, bei Keuschners und bei ...«
»Mitten in der Nacht?«
»Natürlich mitten in der Nacht. Und ich hatte kein Fitzelchen Angst. Der Osterhase ist nämlich ziemlich stark. Und bei Dauns im Garten waren zwei Einbrecher, die wollten gerade einbrechen und lauter Sachen klauen, und der Osterhase ist hingegangen und hat sie in den Bauch geboxt, und da sind sie ganz schnell weggelaufen.«
»Der Osterhase? Geboxt? In den Bauch?«
»Wenn ich's dir sage! Und dann hab ich ihn mit in unsere Küche genommen und ihm Honigbrote geschmiert, da ist er nämlich ganz wild drauf, genau wie ich. Und der Osterhase hat zehn Honigbrote gegessen und mir dabei von seiner Familie erzählt.«
»Zehn Stück? Und eine Familie hat er auch?« Ich hatte aufgehört, nach dem fehlenden Buch zu suchen. Auf einmal war mir nicht mehr langweilig. Kein Wort von Kathis Geschichte sollte mir entgehen. Sie zählte an den Fingern auf. »Einen Opa und eine Oma, einen Papa und eine Mama, sechs Brüder und neun Schwes-

tern, hundert Kusinen, eine Frau und elf Kinder. Er hat auch einen Hund und eine Katze.«

»Er hat *was?*«

»Einen Osterhasenhund und eine Osterhasenkatze. Die haben genauso lange Ohren wie er. Sie fressen auch für ihr Leben gern Möhren und Honigbrote und manchmal dürfen sie Malzbier trinken.«

»Kathi«, ich starrte meine Schwester an, »ist dir irgendwie schwindlig oder so?«

»Nö.« Sie konnte jetzt nicht aufhören, also machte sie weiter. »Die Osterhasenkinder müssen nicht in so einen blöden Kindergarten. So was gibt es bei den Osterhasen überhaupt nicht! Sie gehen in die Osterhasenschule. Schon mit fünf! Damit sie auch mal tüchtige Osterhasen werden.«

»Auch die Mädchen?«

»Klar. Das ist den Osterhasen ganz egal, ob sie ein Junge oder ein Mädchen sind.«

»Und ich dachte immer, es gibt nur einen einzigen Osterhasen«, sagte ich.

Kathi sah mich mitleidig an. »Ria! Wie soll denn ein einziger Osterhase das alles schaffen? Hier und in England und in Spanien und in Amerika?«

»Die Osterhasen verteilen auch in England Eier und in Amerika und …«

Kathi nickte. »Er hat ja überall Verwandte. Englische Verwandte, afrikanische Verwandte, überhaupt überall. Und weißt du, was?« Kathi beugte sich zu mir vor und begann zu flüstern: »Er hat mir gesagt, ich bin sein Lieblingskind.«

»Und Paul?«, fragte ich. »Und Gulliver? Und ich?«

»Na ja«, sagte Kathi herablassend. »Euch mag er auch ganz gern. Aber ich hab immerhin eine ganze Nacht mit ihm geredet. Ihr habt faul in euren Betten gelegen. Euretwegen hätte sich der Osterhase ja ruhig weiter langweilen können.«

Mir schwirrte der Kopf. »Und wenn ich heute Nacht aufstehe und dem Osterhasen ein Honigbrot mache und ihm ein bisschen helfe, die Eier zu verteil…«

»Dann macht er sich unsichtbar«, sagte Kathi. »Er redet nicht mit Kindern, die schon vierzehn sind.«

»Was hat er denn gegen Vierzehnjährige?« Ich fand das Verhalten des Osterhasen absolut nicht in Ordnung.

Kathi zuckte mit den Schultern. »Weiß ich nicht. Ist eben so. Ich hab ihm sogar gesagt, dass du manchmal ganz nett sein kannst. Aber …« Sie ließ den Satz in der Schwebe.

»Wie gnädig von dir!«

»Er hat gesagt, mit dir spricht er nur, wenn du mir ab und zu deinen Walkman leihst.«

»Da kann er lange warten!« Das fehlte noch, dass ich Kathi meinen Walkman lieh. Alles, was ich ihr ausleihe, geht auf merkwürdige Art und Weise schließlich in ihren Besitz über.

»Und mich nicht immer rausschmeißt, wenn Martina da ist.«

»Noch was?« Das wurde ja immer schöner.
»Und immer mit mir spielst, wenn ich will.« Sie sah mich lauernd an. »Spielst du mit mir *Vater, Mutter, Kind*?«
»Geht nicht. Ich muss in die Bücherei.«
»Und danach?«
»Gehe ich zu Martina.«
»Nimmst du mich mit?«
»Nein!«
Kathi stand auf. »Dann brauchst du dich nicht zu wundern, dass der Osterhase mit dir nichts zu tun haben will. Bei dir würde sich jeder unsichtbar machen, jeder!« Und sie verließ beleidigt mein Zimmer.
Am nächsten Morgen suchten wir im Garten die Ostereier. In Kathis Nest lag eins mehr als in meinem. Stolzgeschwellt trug Kathi ihre Schätze ins Haus.
Kathi zählte meine Eier: »… sieben, acht, neun.« Danach zählte sie ihre: »… acht, neun, *zehn*!« Sie sah mich vieldeutig an. »Ja, ja«, sagte sie, »so ist das!«
»Du meinst, er hat das extra gemacht, der Osterhase?«, fragte ich.
»Natürlich!« Kathi flüsterte mir ins Ohr. »Und gesehen habe ich ihn auch wieder heute Nacht.«
»Und was hat er gesagt?«
»Dass du dich bessern sollst. Sonst kriegst du jedes Jahr ein Ei weniger als ich und vielleicht sogar zwei oder drei.« Sie schlug ein Ei auf und knibbelte befriedigt die Schale ab. Dann grinste sie mich mit vollen Backen an.

Erwin Grosche

Das Ei. Anzeigenblatt für den Osterhasen-Bedarf

Handel & Wandel

MÖHRENTAPETEN: *Tapetenhaus Löffelmann. Wer sonst?*

HASENHOSEN: Hasenhosen sind der letzte Schrei. Wir bieten sie als Cordhosen in der Modefarbe der Saison:

mohrrübenorange. Modebewusste Hasen tragen dazu grüne Gürtelchen und blaue Hosenträgerchen mit aufgedruckten weißen Wolken. Das Wichtigste an Hasenhosen ist das Löchlein auf der Rückseite. Durch dieses Löchlein kann der Hase sein Stummelschwänzchen stecken. Eine Hose ohne dieses Löchlein ist keine echte Hasenhose und sollte nicht als solche verkauft werden. Hasenhosen haben nur ein einziges Löchlein auf der Rückseite, Igelhosen sind dagegen total durchlöchert.
Hasenhosenhaus Hastig. Da weiß man, was man hat.

OSTERHASEN-SPRINGBRUNNEN: Verschönern auch Sie Ihren Garten mit dem »Original Osterhasen-Springbrunnen«! Unser Modell zeigt einen Osterhasen, der ein sich drehendes Ei mit sehr flüssiger Farbe bemalt. Die Farbe springt lustig aus seinem Pinsel und macht ringsherum alles nass. Bei Selbstabholung günstig abzugeben für einen Sack Möhren.
Kommen, sehen, staunen! Gartenbedarf Langohr Erben.

OSTERHASENUHREN: Alle kennen Kuckucksuhren. Nun gibt es Osterhasenuhren. Jede volle Stunde kommt der Osterhase aus seinem Türchen und mummelt je nach Uhrzeit einmal, zweimal oder mehrmals mit seiner Nase. Holen Sie sich Ihre Osterhasenuhr – nur solange der Vorrat reicht.

Uhrenhaus Wollmann, da, wo man weiß, was die Uhr gemummelt hat.

OSTERKALENDER: Manche Kinder können die Ankunft des Osterhasen nicht erwarten. Der Osterkalender mit sechs versteckten Türchen hilft die Wartezeit zu überbrücken. Hinter jeder Tür findet sich ein Geheimnis: Ein »O«, ein »S«, ein »T«, ein »E«, ein »R« und ein »N«. Wenn man lesen kann, welches Wort diese Buchstaben ergeben, darf man anfangen, Eier zu suchen.
Bestellungen über DAS EI. Kennwort: LESEN!

AUF EINEM FOTO MIT DEM OSTERHASEN? Kein Problem! Osterhase hat noch Termine frei. Osterhase im klassischen Outfit (mit Eierkiepe) lässt sich mit Ihnen fotografieren. Ein schöner Schmuck für Ihren Büroschreibtisch. Das geschmackvolle Bild an der Wand. Seite an Seite mit dem Osterhasen. Ein Bild zum Schmunzeln und Staunen. Hausbesuche möglich.
DAS EI vermittelt.

Kurse für aufgeweckte Langohren

KLEIN MACHEN: Wer kennt das nicht? Wer seine Eier sicher verstecken will, muss die Kunst beherrschen, sich klein zu machen, um nicht von herumstreunenden Kindern oder Hunden bei der Arbeit gestört zu werden. Besonders wichtig sind praktische Übungen wie das Durchhuschen unterm Busch und das Versteckspiel mit anderen Osterhasen. Erfahrene Hasentrainerin bietet 10-stündigen Kurs für Osterhasen mit 100% Erfolgsgarantie. *Anmeldungen bei DAS EI. Kennwort: KLEINMACHEN.*

OHRENREINIGEN! Ein Vortrag von Dr. Igohr Hase im »Haus der Osterhasen«. Die Sprache der Ohren und ihre Reinigung. Wissenswertes und praktische Tipps. Wir reinigen unsere Löffel. Bitte Wattebäuschchen mitbringen.

»HILFE, ICH BIN ZU FETT!« Osterhasen bekommen ihr Fett weg. Hoppeln Sie zu uns! Abmagerungskuren der Zeitung DAS EI. Bringen Sie unsere Zeitung herum und werden dabei dünn!

»MIR FALLEN KEINE VERSTECKE MEHR EIN!« Osterhasen-Selbsthilfegruppe berät in Notfällen. Ruf an bei den örtlichen Notrufsäulen.

TEMPO 10: Die Gruppe TEMPO 10, ein Zusammenschluss verantwortungsbewusster Haseneltern, fordert den radikalen Geschwindigkeitsstopp zur Osterzeit. TEMPO 10 fordert alle Autofahrer auf, freiwillig mit TEMPO 10 voranzufahren, damit auch junge unerfahrene Osterhasen ihre Eier verstecken können, ohne Schaden an Leib und Seele zu nehmen. TEMPO 10 trifft sich jeden ersten Montag im Monat vor der Gaststätte »Püschel«. Interessierte Gäste sind willkommen.

Die Eierpolizei bittet um Ihre Mithilfe

WER KENNT DEN HUND VON ARNO RIETGEN? Immer wieder versetzt er gerade junge Osterhasen in Angst und Schrecken, indem er laut bellt oder böse knurrt. Wer kann Hinweise zum derzeitigen Aufenthaltsort des Hundes geben? Wir wollen einen Bogen darum machen! Informationen werden vertraulich behandelt.

ZEUGEN GESUCHT! Bei einem tragischen Verkehrsunfall auf der A 44 zwischen der Autobahnausfahrt Soest und Soest-Ost fuhr der Ostereier-Transporter von Volker Schnotzel gegen den Firmenwagen der Pommes AG, der in seinem Tank heißes Fett gelagert hatte. Unglücklicherweise fuhr der SALZ-Streuer von Benno Kuck daraufhin in den Ostereier-Transporter und machte das Unglück komplett. Alle Eier zerplatzten auf der Autobahn und gerieten in das heiße Fett, das aus dem Firmenwagen der Pommes AG auslief. Ein riesiges Spiegelei verunreinigte die Fahrbahn von Soest bis Soest-Ost. Dass dieses Spiegelei sehr wohlwollend von der Soester Bevölkerung aufgenommen wurde, lag an dem herabrieselnden Salz des SALZ-Streuwagens von Benno Kuck, der dem Ei die richtige Würze gab. Menschen kamen bei dem Zwischenfall nicht zu Schaden. Der Fahrer des Fett-Transporters gibt an, wegen eines Osterhasen in orangefarbenen Hosen, der mit gefüllter Eierkiepe die Fahrbahn überquert habe, plötzlich zum Bremsen gezwungen worden zu sein. Der Hase wird dringend gebeten, sich bei der Eierpolizei zu melden. Sachdienliche Hinweise an jede Dienststelle möglich!

NOCH KLEINER MACHEN! Vorsicht! Schlepper bieten Kisten an, die klein machen! Bei diesen Kisten handelt es sich nicht um lustige Sportkartons, sondern um Käfige. Achtung! Kisten, die klein machen, haben kein Schloss zum Abschließen und keinen Maschendraht, der einen am Weglaufen hindert. Groß sein! Die Osterpolizei warnt!

Suchen & finden

ER SUCHT SIE: Hallo, Unbekannte! Ich sah Sie beim

Verteilen der Post. Sie fuhren ein gelbes Fahrrad und haben wunderschöne Ohren. Ich versteckte gerade Eier in der Maulwurfstraße, als Sie mit dem Fahrrad anhielten und ein Paket an einer Haustür abgaben. Ich habe auch schöne Ohren und würde gerne von Ihnen hören. Bitte melden zum Austausch gemeinsamer Erfahrungen.
Kennwort: LÖFFEL

SIE SUCHEN SIE: Der Osterhasengesangsverein mit dem schönen Namen »*Die vier Stummelschwänzchen*« sucht noch zwei Osterhasen mit schönen Stimmen. Es wird das Lied gesungen:

»EI! EI! EI!
Ich gehe schnell entzwei!
Lass mich nur einmal fallen, dann hörst du mich laut knallen!
EI! EI! EI!
Ich gehe schnell entzwei!«

Interessenten melden sich beim Osterhasen-Chorleiter Igohr Hase oder seiner Schwester Ogohr Hase.

Achim Bröger

Die Angsthasen

Feldhasen und Waldhasen kennt man. Weniger bekannt sind die Angsthasen. Erste Berichte über diese Tiere stammen von römischen Geschichtsschreibern. Sie berichten um das Jahr 0 über die Vorfahren der Angsthasen. Dabei handelt es sich um eine besondere Waldkarnickelart, die Wutkarnickel. Kurz Wutnickel genannt. Sie werden als »ein wenig doof, aber furchtlos und unerschrocken« geschildert. »Sie waren prächtig anzusehen, wie sie auf ihren zwei Beinen daherkamen. Am Kopf trugen sie ein Geweih und überall am Körper hatten sie Stacheln.« Mit Gebrüll gingen die Wutnickel auf alles los, was ihnen nicht passte. Ständig kämpften furchtlose Horden dieser Hasenart gegeneinander, egal ob Männchen oder Weibchen.

Besonders wichtig für die Entwicklung der Angsthasen war das Jahr 41 nach 0, vor allem die Rübenerntezeit. Ihre Vorfahren, die rübensüchtigen Wutnickel, lagen sich äußerst futterneidisch in zwei Horden gegenüber. Hasengeweihe, so weit man sehen konnte. Der Kampf um die Rübenfelder begann. Bekannt geworden als die total überflüssige Rübenschlacht.

Am Abend des ersten Kampftages waren noch zwei Wutnickel am Leben. Sie hatten nicht so toll mutig gekämpft, weil sie als Einzige so ein seltsam fremdes Gefühl unter ihren Stacheln spürten. Trotzdem hatten auch sie mächtig welche auf die Geweihe bekommen. Jedenfalls hingen die Geweihe schlapp von den Köpfen. Diese Entwicklung ist übrigens wichtig für das Entstehen der typischen Hasenohren, die ja nichts anders als verkümmerte Geweihe sind. Die Stacheln der beiden Kämpfer waren am Abend fast alle abgebrochen. Schließlich sagte einer der beiden: »Du!«

»Ja«, antwortete der andere.

»Was soll'n der Quatsch?«

»Weiß nicht.«

»Ich auch nicht.«

Auf dem Rübenfeld sahen sie überall tote Wutnickel. Da merkten sie, dass sie Angst hatten. Zum ersten Mal.

Und sie rannten weg. Natürlich auf allen vieren, denn so rennt man schneller. Das eine war übrigens ein Weibchen, das andere ein Männchen.
Ihre Entwicklung vom Wutnickel zum Angsthasen ist rasch berichtet. Die beiden bekamen Junge, mit Hasenohren statt mit Geweihen. Schon ihre Eltern kuschelten nach der Schlacht gern. Dabei waren ihnen die restlichen Stacheln im Weg. Bei den Kindern hatten sie sich zu einem Kuschelhasenfell entwickelt. Der Gang auf vier Beinen war ihnen selbstverständlich geworden. Ihre Ängstlichkeit vor Kämpfen hat sich weiterentwickelt. Und zwar so weit, dass heute kaum mehr jemand weiß, dass die Angsthasen von den kriegerischen Wutnickeln abstammen. Die Angsthasen sind froh über diese Entwicklung. »Uns gibt's«, sagen sie. »Und wo sind die Wutnickel? Weit und breit keiner mehr da. Na also.«
Zur Verbreitung der Angsthasen: Gern leben sie in weiten Gebieten, z. B. in Sandwüsten. Dort erkennen sie Gefahren aus großer Ferne und haben Platz zum Fliehen. In Schneewüsten gibt es eine weißfellige Angsthasenart. Der halb blinde Höhlenangsthase zieht bergige Gegenden vor, wo er sich verkriechen kann. Wobei diese Hasenart die Angst vor der Dunkelheit verloren hat. Man erkennt den langsamen Läufer (aber guten Gräber) an den halb geschlossenen Augen und den maulwurfähnlichen Grabschaufeln. Achtung! Auch nach mehrfacher Wäsche wirkt das Fell des Höhlenangsthasen schmutzig graubraun. Sauberer wird's nicht.

Selten ist der *Täuscherangsthase*. Vor allem hockt er in Kuckucksnestern, versteckt in Baumwipfeln. Von dort hört man seinen vogelähnlichen Ruf. »Kukuk«, ohne ck, nur mit k. Diesem Tier macht sein Angsthasenleben Spaß. Manchmal sitzt es kichernd im Kuckucksnest.
Einige Male wurden *motorisierte Angsthasen* gesehen. Sie sagen: »Bin ich denn blöd und renne selbst!« Ein Hinweis: Aus Angst vor größeren Autos fahren sie oft wild davon. Dabei kommen sie natürlich manchmal auf die falsche Fahrbahn. Deswegen sieht man Angsthasen immer wieder als Geisterfahrer.
Äußerst selten ist der *angreifende Angsthase*. Er hat so viel Angst, dass er bei Gefahr sofort zuschlägt (Bodybuildingangsthasentyp). Auch auf den *verkleideten Angsthasen* muss man hinweisen. Meistens geht er als Mensch.
Eitle und faule Angsthasen werden selten alt. Der eitle Angsthase will auf der Flucht besonders hübsch sein. Er kämmt sich also bei Gefahr ausgiebig. Deswegen flieht er oft nicht rechtzeitig. Dafür sieht seine Flucht gut aus. Der faule Angsthase ist ängstlich, aber oft zu träge zum Fliehen.
Angsthasen haben ein gutes Warnsystem. Sie setzen sich aufrecht hin, stecken die beiden Mittelfinger der Vorderpfoten ins Maul und pfeifen gellend. Moderne Angsthasen benutzen dazu Trillerpfeifen. Vom Klang her sind sie leicht mit Schiedsrichtern zu verwechseln, sonst aber nicht.

Hans Christian Andersen

Die Schnellläufer

Es waren einmal zwei Preise ausgesetzt, ein kleiner und ein großer Preis, für die größte Schnelligkeit, nicht in einem Lauf, sondern für die Schnelligkeit überhaupt das ganze Jahr hindurch.

»Ich bekam den ersten Preis!«, sagte der Hase. »Gerechtigkeit muss schließlich sein, wenn Verwandte und gute Freunde im Preisgericht sitzen. Dass aber die Schnecke den zweiten Preis erhielt, finde ich fast beleidigend für mich!«

»Nein«, versicherte der Zaunpfahl, der bei der Preisverteilung Zeuge gewesen war, »es muss auch Rücksicht auf Fleiß und guten Willen genommen werden. Das wurde von mehreren achtbaren Leuten gesagt und das meine ich auch. Die Schnecke hat freilich ein halbes Jahr gebraucht, um über die Türschwelle zu kommen, und dabei hat sie sich auch noch verletzt, denn sie hat sich das Schlüsselbein gebrochen, weil sie sich so beeilt hat. Sie hat ganz und gar für ihren Lauf gelebt und sie lief mit ihrem Haus auf dem Rücken! Alles das ist sehr lobenswert. Deshalb bekam sie auch den zweiten Preis!«

»Mich hätte man doch auch berücksichtigen können!«, sagte die Schwalbe. »Ich meine, dass niemand sich schneller als ich im Flug und Schwung gezeigt hat, und wo ich nicht überall gewesen bin, weit, weit fort.«

»Ja, das ist eben Ihr Unglück!«, sagte der Zaunpfahl. »Sie reisen zu viel umher! Immer müssen Sie unterwegs sein, ins Ausland reisen, wenn es hier zu frieren beginnt. Sie haben keine Vaterlandsliebe! Sie können nicht für einen Preis infrage kommen!«

»Aber wenn ich den ganzen Winter drüben im Moor läge«, erwiderte die Schwalbe, »wenn ich die ganze Zeit schliefe, würde ich dann für einen Preis infrage kommen können?«

»Besorgen Sie sich eine Bescheinigung von der alten Moorfrau, dass Sie die Hälfte der Zeit im Vaterland verschlafen haben, dann sollen auch Sie berücksichtigt werden.«

»Ich hätte eigentlich den ersten Preis und nicht den zweiten verdient!«, sagte die Schnecke. »Ich weiß ganz genau, dass der Hase nur aus Feigheit gelaufen ist, denn jedes Mal wenn er Gefahr witterte, lief er los. Ich dagegen habe mein Laufen zu einer Lebensaufgabe gemacht und bin im Dienst zum Krüppel geworden! Wenn überhaupt jemand den ersten Preis bekommen soll, dann müsste ich es sein. Aber ich verstehe mich nicht aufs Angeben und Aufschneiden, ich verachte dies vielmehr!«
»Ich werde mit meinem Wort bezeugen können, dass ich mich bei der Preisabstimmung um größtmögliche Gerechtigkeit bemüht habe«, sagte der alte Grenzpfahl im Wald, der Mitglied des Schiedsgerichtes war. »Ich gehe stets mit Überlegung und Berechnung vor. Siebenmal habe ich früher schon die Ehre gehabt, bei der Preisverteilung mit abzustimmen, aber erst heute habe ich meinen Willen durchgesetzt. Ich bin immer nach dem Alphabet vorgegangen: Zum ersten Preis gelangte ich von vorne im Alphabet, zum zweiten von hinten. Passen Sie auf, ich will Ihnen zeigen, wie man von vorne anfängt: Der achte Buchstabe nach A ist H, da haben wir den Hasen, und deshalb teilte ich dem Hasen den ersten Preis zu; der achte Buchstabe von hinten gezählt ist S und deshalb erhielt die Schnecke den zweiten Preis. Das nächste Mal wird I für den ersten und R für den zweiten Preis an der Reihe sein! Es muss schließlich immer Ordnung in allen Dingen herrschen. Man muss einen bestimmten Anhaltspunkt haben!«

»Ich hätte auch für mich selbst gestimmt, wenn ich nicht unter den Richtern gewesen wäre!«, sagte der Maulesel, der ebenfalls Preisrichter war. »Man soll nicht nur die Schnelligkeit berücksichtigen, mit der man vorwärtskommt, sondern auch andere Eigenschaften, zum Beispiel, wie viel man an Lasten ziehen kann; doch das wollte ich dieses Mal nicht hervorheben, auch nicht die Klugheit des Hasen auf der Flucht oder seine List, plötzlich einen Sprung seitwärts zu machen, um die Leute auf die falsche Fährte zu leiten. Nein, es gibt noch etwas, das vielen sehr wichtig erscheint und das man nicht außer Acht lassen darf: Ich meine das, was man das Schöne nennt. Ich schaue auf das Schöne. Ich sah die schönen wohl gewachsenen Ohren des Hasen an. Es ist eine wahre Freude zu sehen, wie lang sie sind!«

»Pst!«, sagte die Fliege, »ja, ich will nicht reden, ich will nur etwas sagen. Ich habe jedenfalls in meinem Leben mehr als einen Hasen eingeholt. Neulich zerschmetterte ich einem jungen Hasen die Hinterläufe; ich saß auf der Lokomotive vor dem Eisenbahnzug, das tue ich oft, denn man kann so am besten seine eigene Schnelligkeit beobachten. Ein junger Hase lief eine Zeit lang vor der Lokomotive her. Er hatte keine Ahnung, dass ich ihn beobachtete. Irgendwann musste er aber abbiegen, und da zerschmetterte die Lokomotive ihm die Hinterbeine, denn ich saß auf ihr. Der Hase blieb liegen, aber ich fuhr weiter. Das heißt doch wohl, dass ich ihn besiegt habe! Aber ich brauche den Preis nicht.«

Mir scheint nun freilich, dachte die wilde Rose – aber sie sagte es nicht, denn es ist nun einmal nicht ihre Natur, sich auszusprechen, obwohl es gut gewesen wäre, wenn sie es getan hätte –, mir scheint nun freilich, dass der Sonnenstrahl den ersten Ehrenpreis und auch den zweiten hätte bekommen müssen. Der Sonnenstrahl fliegt in einem Nu den unermesslichen Weg von der Sonne zu uns herab und kommt mit einer Kraft an, dass die ganze Natur davon erwacht; er besitzt eine so große Schönheit, dass wir Rosen alle dabei erröten und duften! Die hohe richterliche Obrigkeit scheint dies gar nicht bemerkt zu haben! Wäre ich der Sonnenstrahl, ich gäbe einem jeden von ihnen einen Sonnenstich, aber der würde sie nur toll machen, und das können sie ohnehin werden. Ich sage nichts, dachte die wilde Rose. Friede herrscht im Wald!

Herrlich ist's, zu blühen, zu duften und zu leben! Der Sonnenstrahl überlebt uns doch alle!

»Was ist der erste Preis?«, fragte der Regenwurm, der verschlafen hatte und nun erst hinzukam.

»Der besteht in freiem Zutritt zu einem Kohlgarten«, antwortete der Maulesel, »ich habe diesen Preis vorgeschlagen. Der Hase musste und sollte ihn haben, und so nahm ich als denkendes und tätiges Mitglied vernünftige Rücksicht darauf, dass derjenige, der den ersten Preis erhält, auch einen Nutzen davon hat. Jetzt ist der Hase versorgt. Die Schnecke darf auf dem Zaun sitzen und Moos und Sonnenschein lecken und ist weiterhin als einer der ersten Preisrichter beim Schnelllaufen angestellt. Es ist sehr viel wert, einen vom Fach im Komitee dabeizuhaben. Ich muss sagen, ich erwarte viel von der Zukunft, wir haben schon einen recht guten Anfang gemacht!«

Ursel Scheffler

Der Dieb in der Osternacht

»Gute Nacht, Schnipsel. Sei schön brav! Wir sind bald zurück«, sagt Sibylle.
Jens gibt dem kleinen Dackel noch einen Hundekuchen. Sabine krault ihn hinter den Ohren und flüstert: »Die Terrassentür ist einen Spalt offen! Da kannst du raus, wenn du mal musst!«
Dann laufen die drei hinter den Eltern her in den Nachbargarten. Dort prasselt bei Ramekens das Osterfeuer,

wie jedes Jahr in der Osternacht. Es wird gegessen, getrunken und erzählt. Alle sind fröhlich.
Nur einer ist sauer: Schnipsel. Er muss allein zu Hause bleiben! Und warum? Nur weil Kümmel, die Promenadenmischung von Nr. 19, vor zwei Jahren beim Osterfeuer die Grillwürste aufgefressen hat!
Auf einmal machts draußen im Garten »Wuff«. Schnipsel spitzt die Ohren. Das war doch Bonzos Stimme!
Schnipsel schlüpft durch den Spalt in der Terrassentür und läuft in den Garten.
Tatsächlich, da ist Bonzo. Und Kümmel und Bulli sind auch dabei.
»Was wollt ihr denn hier? Und wie seht ihr aus?«, fragt Schnipsel überrascht.
Bulli hat eine Polizistenmütze auf und um seinen Hals hängt eine Trillerpfeife.
»Wir spielen Hundepolizei!«, sagt Bonzo.

Seit er vor einem Jahr einen Einbrecher am Hosenbein erwischt hat, ist das sein liebstes Spiel.
»Wir sollten heute besonders wachsam sein! Die Häuser stehen leer, weil alle beim Osterfeuer sind. Das spricht sich bei Gaunern herum!«
Bullis Herrchen ist Polizist. Das färbt ab. Von ihm hat er auch die Schirmmütze und die Trillerpfeife ausgeliehen.
»Sehr wachsam werden wir sein«, knurrt Bonzo und fuchtelt mit einer Spritzpistole herum.

»Sehr wachsam«, sagt Kümmel wie ein Echo und funzelt mit einer alten Taschenlampe.
»Ich mach mit!«, sagt Schnipsel und schon ist er durch die Lücke im Zaun geschlüpft.
Eine ganze Weile treiben sich die *vier* schnuppernd und schnüffelnd herum.
Plötzlich flüstert Bonzo aufgeregt: »Pst! Stehen bleiben! Eine verdächtige Gestalt hinterm Fliederbusch!«
Alle vier halten die Luft an.
Da huscht tatsächlich ein Schatten durch den Garten zu Schnipsels Terrassentür!
»Ein Dieb! Ein Einbrecher!« Bulli hechelt vor Jagdlust.
»In unserem Haus!«, japst Schnipsel.
»Zu viert werden wir ihn fangen«, sagt Kümmel zuversichtlich.
»Ein schlimmer Bursche. Hat einen Sack oder so was auf dem Rücken! Da will er bestimmt die Beute reintun!«, knurrt Bonzo. »Los, Freunde! Mir nach!«
Auf leisen Pfoten schleichen die Hunde im Schatten der Bäume zum Haus. Geduckt zwängen sie sich durch den Spalt in der Terrassentür.
Kümmel entdeckt den Eindringling zuerst.
»Pfoten hoch!«, ruft er und lässt die Taschenlampe aufblitzen.
Zitternd und mit hoch erhobenen Pfoten steht ein Hase neben der alten Wanduhr.
»Aber … aber … ich bin doch der Osterhase!«, behauptet er.

»Ich lach mich tot!«, sagt Bulli. »Wer glaubt schon an den Osterhasen? Das ist was für kleine Kinder!«
»Hier ist das Diebesgut!«, stellt Kümmel zufrieden fest. Er hebt einen Korb mit Ostereiern hoch.
»Das ... das sind meine Ostereier. Die wollte ich verstecken!«, beteuert der Hase.
»Das kannst du Dümmeren erzählen! Ich hab schon einen in den Hintern gebissen, der hat behauptet, er wollte Teppiche und Silberleuchter verstecken!«, prahlt Bonzo.
»Bei uns verstecken die Leute die Eier selber!«, sagt Kümmel.
»Aber – die sind doch beim Osterfeuer!«, entgegnet der Hase.
»Sie haben die Eier eben vorher versteckt und du hast sie gerade geklaut! Wir nehmen dich fest!«, sagt Bonzo und fuchtelt dem Osterhasen mit der Spritzpistole vor der Nase herum.
»In die Zelle mit dem Eierdieb!«, knurrt Bulli und bläst auf seiner Trillerpfeife. Sie packen den Hasen am Genick und führen ihn ab. Vor einer leeren Telefonzelle machen sie Halt. Dort sperren sie ihn ein.
Traurig sieht der Osterhase durch die Scheiben, wie sich die »Hundepolizisten« entfernen. Sosehr er sich bemüht, er bekommt die schwere Tür nicht auf. Und was würde es auch nützen? Er hat ja keine Ostereier mehr!

»Das haben wir uns aber verdient!«, sagen Bonzo, Bulli

und Kümmel, als sie vor der Terrassentür schmatzend das »Diebesgut« vernaschen.
Nur Schnipsel hat keinen Appetit. Ihm ist schlecht vor Aufregung.
Und trotzdem fällt am nächsten Morgen der ganze Verdacht auf ihn …
»Schnipsel! Hast du den Osterhasen verjagt?«, fragen Sabine, Jens und Sibylle enttäuscht, als sie am Morgen keine Ostereier finden.
Und als sie die Eierschalen auf der Terrasse entdecken, sagen auch die Eltern: »Das kann nur Schnipsel gewesen sein.«

»Na, so was!«, ruft ein alter Mann am Sonntagmorgen verblüfft. Er hält die Tür der Telefonzelle auf und starrt dem Hasen nach, der blitzschnell zwischen seinen Beinen davonflitzt.
»Sieh da, der Osterhase!«, sagt er und lächelt dabei, als sei es ein Witz.

Bettina Obrecht

Die Henne Regula und ihre Küken

»Jetzt wird es mir zu bunt!«, sagte der Osterhase und wischte sich die Steckspfoten am Kleckstuch ab. »Ich habe wirklich keine Lust, noch mehr Eier zu färben.« Verständlich, dass der Osterhase keine Lust mehr hatte. In den letzten Tagen hatte er nichts anderes getan, als Eier zu färben. Als die Hennen aus der Nachbarschaft ihm die Eier gebracht hatten, waren diese noch weiß oder braun. Nachdem der Osterhase sie gefärbt hatte,

waren sie rot, blau, grün und zitronengelb. Nun endlich lagen die fertigen Eier säuberlich aufgeschichtet auf einem rot-blau-grün-zitronengelben Haufen.
Gerade als sich der Osterhase endlich auf sein langes Ohr legen wollte, klopfte es an seiner Tür.
»Herein, wenn es kein Huhn ist«, brummelte der Osterhase.
Da öffnete sich die Tür einen kleinen Spalt. Ein Hühnerschnabel erschien, dahinter ein kleiner Federkopf.
»Entschuldige, leider bin ich ein Huhn«, sagte die Henne Regula verlegen. »Darf ich trotzdem hereinkommen?«
»Du kannst gerne hereinkommen«, sagte der Osterhase. »Aber ich sage dir gleich, dass ich dieses Jahr kein einziges Ei mehr färben werde. Tag und Nacht habe ich Eier gefärbt. Jetzt habe ich wirklich keine Lust mehr.«
»Ich habe ja gar keine Eier.« Die Henne Regula seufzte.
»Ich bin Regula. Ich habe noch nie in meinem Leben ein Ei gelegt.«
Der Osterhase dachte kurz nach, dann nickte er. Es war überall bekannt, dass die Henne Regula, die Küken über alles liebte, keine Eier legen konnte.
»Was willst du von mir, wenn du schon keine Eier bringst?«, fragte der Osterhase jetzt schon ein bisschen freundlicher.
»Ich wollte dich bitten, mir ein paar Eier zu schenken«, sagte die Henne Regula, und wenn Hennen rot werden könnten, so wäre sie jetzt genauso rot geworden wie

die roten Eier. »Die könnte ich dann ausbrüten, als wären es meine eigenen.«
Der Osterhase stellte die Ohren auf, als habe er nicht richtig gehört.
Ein Huhn, das ihm keine Eier brachte, sondern stattdessen Eier von ihm haben wollte, war ihm noch nie untergekommen.
»Wie stellst du dir das vor?«, fragte er. »Die Eier sind schon alle gefärbt und morgen bringe ich sie zu den Kindern.«
Die Henne Regula trippelte in die Mitte des Zimmers und setzte sich vor den blau-rot-grün-zitronengelben Eierberg. Sie schaute ihn an und zwei kleine, runde Tränen rollten aus ihren kleinen, runden Augen.
»Diese Eier sind Ostergeschenke für die Kinder!«, sagte der Osterhase streng.
Die Henne Regula schniefte. »Der grüne Wellensittich hat mir erzählt, dass die Kinder zu Ostern gar nicht gerne Hühnereier essen«, sagte sie. »Die Kinder interessieren sich nur noch für Schokoladeneier. Mit Nugat und Marzipan gefüllt.«
»Nugat!« Der Osterhase schüttelte sich. »Marzipan! Die soll ihnen doch die Naschkatze bringen, nicht der Osterhase!«
»Und weil die Kinder die Hühnereier nicht essen«, fuhr die Henne Regula mit festerer Stimme fort, »werfen die Eltern sie irgendwann fort oder machen Eiersalat daraus.«

Sie schüttelte sich.
»Hm«, machte der Osterhase. Er wackelte ein paarmal mit dem Schnäuzchen, als müsse er auf dieser Neuigkeit erst eine Weile herumkauen. »Vielleicht hast du ja recht. Auf ein paar Eier mehr oder weniger kommt es nicht an. Such dir welche aus.«
Da strahlte die Henne Regula. Sie nahm ein zitronengelbes und ein grünes Ei unter den linken Flügel, ein rotes und ein blaues Ei unter den rechten Flügel. Der Osterhase musste ihr die Tür aufhalten.
»Sag bloß keinem, woher du die Eier hast!«, mahnte er noch.
»Vielen Dank!« Die Henne Regula konnte kaum gackern vor Glück. Mit vorsichtigen Trippelschritten machte sie sich auf den Heimweg.

Die Henne Regula zupfte sich die zartesten Flaumfedern aus und polsterte damit ihr Nest. Dann legte sie die Eier sorgfältig eins nach dem anderen hinein und ließ sich mit aufgeplustertem Federbauch darauf nieder.
»Was machst du denn da?«, fragte Rudolf, der Hahn, als er seine abendliche Runde über den Hof drehte.
»Ich brüte Eier aus!« Regulas Stimme überschlug sich vor Glück. Aber wenn Hühner rot werden könnten, wäre sie schon wieder rot geworden.
Da lachte der Hahn so laut, dass alle Hühner mitlachten. »Jeder weiß, dass du kein einziges Ei legen kannst!«, krähte er.

Die Henne Regula senkte den Kopf und schwieg.
»Sicher sitzt sie auf ein paar Kieselsteinen!«, spottete die Henne Elfriede. »Los, zeig uns doch deine Eier!«
Aber die Henne Regula erhob sich keinen Zentimeter von ihrem Nest. Die folgenden Tage und Nächte blieb sie auf der Stelle sitzen. Wenn sie Durst hatte, trank sie nur den Tau, der sich in Reichweite ihres Schnabels bildete. Wenn sie Hunger hatte, pickte sie kleine Insekten auf, die der Wind bis dicht vor ihr Nest trug.
Endlich spürte Regula, dass sich in ihren Eiern etwas regte. Ihr Herz klopfte wild. Wie gerne wäre sie aufgestanden und hätte sich angeschaut, wie ihre Küken schlüpften. Aber sie wagte es nicht. Keine der anderen Hennen und schon gar nicht Rudolf, der Hahn, durften die bunten Eierschalen sehen.
Erst als es unter ihr schon schwach piepste, erhob sie sich und spähte in ihr Nest.
Da saßen vier wunderschöne, flauschige Küken. Eins blau, eins grün, eins zitronengelb, eins rot.
Hastig räumte Regula die Eierschalen aus dem Nest und versteckte sie. Dann setzte sie sich wieder auf die Küken. Sie war ganz erfüllt von Liebe zu ihren Kindern, gleichzeitig jedoch auch von Sorge um sie.
Vielleicht verlieren sie ihre bunte Farbe ja noch, wenn sie erst einmal trocken sind, dachte sie.
Aber die Küken piepsten immer lauter. Da wurden die anderen Hennen und auch Rudolf, der Hahn, aufmerksam.

»Du hast ja wirklich Küken bekommen, Regula«, riefen sie. Sie umringten das Nest und versuchten, unter Regulas Bauch zu spähen. Selbst der grüne Wellensittich am Küchenfenster des Nachbarhauses sah schon neugierig herüber.
»Steh auf, damit wir sie sehen können!«, verlangte die Henne Elfriede.
Da erhob sich Regula.
Die Hühner gackerten entsetzt durcheinander. Rudolf, dem Hahn, blieb sein Krähen im Halse stecken.
»Ein rotes, ein grünes, ein zitronengelbes, ein blaues Küken!«, gackerte Elfriede. »Das ist doch nicht normal!«
»Meine Küken sehen niemals so aus«, krähte Rudolf, der Hahn. »Meine Küken sind immer wunderschön strohgelb, eins wie das andere.«
»Bunte Küken sind schön!«, rief der grüne Wellensittich herüber, aber keiner beachtete ihn.
»Meine Küken sind bunt, na und?«, sagte die Henne Regula. Sie lockte ihre vier bunten Küken aus dem Nest und wanderte mit ihnen über den Hühnerhof, wie sie es sich immer gewünscht hatte. Es war der schönste Tag ihres Lebens.
Doch hinter Regulas Rücken rückten die Hühner zusammen und tuschelten. Sie tuschelten immer lauter, gackerten dann aufgeregt, dann zeterten sie und schließlich kreischte Elfriede: »Mit diesen Küken muss etwas faul sein! Wir können sie nicht bei uns aufnehmen! Wo kämen wir hin, wenn plötzlich blaue, grüne

und rote Hühner auf unserem Hof herumliefen? Das zitronengelbe mag ja noch angehen. Aber die anderen! Womöglich legen sie eines Tages gepunktete und gestreifte Eier!«

»Gepunktete Eier!«, kreischten die anderen Hühner. »Gestreifte Eier! Eier müssen weiß sein oder wenigstens braun!« Und sie stürzten sich auf die bunten Küken.

Die Henne Regula verteidigte ihre Küken wie eine Adlermutter, aber sie war nicht stark genug, und Rudolf, der Hahn, hielt sich aus den Frauengeschichten heraus.

»Lasst sie in Ruhe!«, rief die Henne Regula schließlich in ihrer Verzweiflung. »Es sind doch Osterküken! Jede von euch könnte ihre Mutter sein!«

Da ließen die Hennen von den Küken ab, umringten die Henne Regula und forderten eine Erklärung. Der Henne Regula blieb nichts anderes übrig, als vom Geschenk des Osterhasen zu erzählen. Die Küken drängten sich derweil ängstlich an ihren Bauch.

Da schickten die Hennen die schwarze Amsel los, die sollte den Osterhasen holen.

Als dieser wenig später in den Hühnerhof hoppelte und die bunten Küken sah, ahnte er schon, worum es ging.

»Gestehe, dass du Regula unsere Eier geschenkt hast!« Elfriede baute sich mit aufgeplusterten Federn vor dem Osterhasen auf. »Wenn du nicht gestehst, bekommst du nie wieder Eier von uns!«

Was sollte der Osterhase tun? Er erzählte allen, wie er der Henne Regula die Eier geschenkt hatte.

»Allerhand ist das!« Die Henne Elfriede sah sich in der Runde um. »So leichtfertig gibst du unsere Eier her! Uns so zum Narren zu halten! Kein Osterhase hat das Recht, so etwas zu tun!«
»Und wer von uns«, gackerten die anderen Hennen durcheinander, »wer von uns ist jetzt die Mutter der Küken?«
»Ich vielleicht?«
»Oder ich?«
»Oder doch Elfriede?«
»Es sind alles meine Küken!« Die Henne Regula kämpfte schon wieder mit den Tränen. »Ich habe sie ausgebrütet. Ich bin das erste Huhn, das sie auf dieser Welt gesehen haben.«
»Lasst ihr doch die Küken!«, rief der grüne Wellensittich herüber. »Ihr könnt doch noch so viele Eier legen!« Aber keiner hörte auf ihn.
Die Hennen berieten lange, fragten auch den Hahn, aber der wollte sich aus den Frauengeschichten heraushalten. Schließlich stakste die Henne Elfriede zum Osterhasen, der ziemlich entnervt in einer Ecke des Hühnerhofes saß.
»Wir haben beschlossen, dass du die Küken zu den Kindern bringen musst!«, sagte die Henne Elfriede. »Für die Kinder waren unsere Eier bestimmt, nicht für die Henne Regula!«
Der Osterhase wollte die Küken nicht mitnehmen.
»Ostern ist schon vorbei«, sagte er.

Aber Elfriede drohte ihm so lange, bis er nachgab. Er nahm die vier bunten Küken auf seinen Rücken und hoppelte missmutig davon. Regulas Schluchzen klang ihm noch lang in den langen Ohren.
»Dummes Hühnervolk!«, brummte der Osterhase.
Zu Hause suchte er das schönste Osterkörbchen, das er noch finden konnte, polsterte es mit Gras und Klee und setzte die vier Küken hinein. In der Morgendämmerung stellte er das Körbchen an die Schwelle des Nachbarhauses.
Als die Kinder aus dem Haus kamen, fanden sie das Körbchen mit den vier bunten Küken. Sie waren begeistert. So schöne Küken hatten sie noch nie gesehen. Weil sie sich erst um die Küken kümmern mussten, kamen sie zu spät zur Schule. Man kann sich vorstellen, dass kein Lehrer ihre Entschuldigung glaubte!
Aber als die Kinder wieder nach Hause kamen und mit ihren Küken spielen wollten, da saßen diese teilnahmslos in ihrem Körbchen und wollten nicht fressen und nicht trinken.
»Sie brauchen eine Henne!«, sagte die Mutter der Kinder. »Ich gehe zur Nachbarin rüber und frage sie, ob sie uns eine von ihren Hennen leiht. Die kann unsere Küken dann aufziehen.«
Die Nachbarin staunte, als sie von den bunten Küken hörte. Sie kam herüber und sah sich das Wunder an.
»Ich kann Ihnen eine Henne schenken«, sagte sie. »Ich habe da eine, die niemals Eier legt. Mein Mann wollte

längst Suppe aus ihr kochen, aber mir hat sie leidgetan.«

Und sie ging in den Hühnerhof und fing die Henne Regula ein. Das war nicht weiter schwierig, denn die saß traurig in einer Ecke und wollte nicht fressen und nicht trinken. Keine der anderen Hennen sprach ein Wort mit ihr.

»Jetzt kochen sie Suppe aus Regula!«, rief die Henne Elfriede, als die Hühnerfrau Regula davontrug. »Traurig, aber so geht es eben, wenn man keine eigenen Eier legt!«

Und die anderen Hühner bekamen eine Gänsehaut.

Die Hühnerfrau trug Regula zu den Nachbarn und setzte sie vor das Körbchen mit den vier bunten Küken. Wenn Hühner Arme hätten, dann hätten sie sich jetzt umarmt, und wenn sie Münder hätten, dann hätten sie sich geküsst. So aber drängten sich die Küken glücklich unter Regulas Bauch und Regula gurrte wie eine Taubenmutter.

Der grüne Wellensittich wurde Patenonkel. Er und die Henne Regula zogen die Küken groß, bis diese selber gestreifte und gepunktete Eier legten. Und weil die Kinder Regula und ihre Küken so gern hatten, scharrten sie alle noch nach Würmern, als Elfriede und die anderen Hennen längst in den Kochtopf gewandert waren.

Marliese Arold

Der schönste Platz für unser Nest

Mitzi ist eine Blaumeise: klein und wendig, mit einem zartgelben Bauch und einem hübschen blauen Kopf. Jeden Morgen erwacht sie in aller Frühe und fängt an, Futter zu suchen. Zwischendrin zwitschert sie immer wieder ihre Freude über den schönen Frühling laut hinaus.

»Endlich ist der kalte Winter vorbei, zizibäh! Habt ihr schon gemerkt, dass die Tage länger werden? Oh, wie warm die Sonne scheint! Zizibäh!«

An einem besonders schönen Tag bekommt Mitzi Früh-

lingsgefühle und verliebt sich in Mick, den netten Blaumeiserich. Mick ist ebenfalls heftig in Mitzi verliebt. Deswegen beschließen die beiden, ein Nest zu bauen und viele Meisenkinder aufzuziehen.
Emsig fängt Mitzi an, nach einem geeigneten Nistplatz zu suchen. Sie schaut in jede Baumhöhle, in jeden Nistkasten, in jede Maueröffnung.
»Zu feucht«, sagt Mitzi dann. »Zu unbequem. Nicht vor Katzen sicher.« Kein Platz ist ihr gut genug. Überall hat sie etwas auszusetzen.
Mick hält selbst nach Verstecken Ausschau. Wenn er eins gefunden hat, zeigt er es stolz seiner Freundin. Aber jedes Mal schüttelt Mitzi nur ihr blaues Köpfchen.
»Geht nicht. Zu niedrig am Boden. Zu hoch in der Luft. Zu heiß. Zu kalt. Nicht windgeschützt.«
Mick seufzt. Eigentlich will er es nicht zugeben, aber langsam verliert er jetzt doch die Geduld. Wenn sich Mitzi nur endlich entscheiden könnte!
»Die anderen Blaumeisen brüten schon«, gibt Mick zu bedenken.
»Na und?«, antwortet Mitzi. »Wir haben eben noch keinen Nistplatz gefunden.«
Mick hält den Schnabel. Doch ein paar Tage später fliegt er an einem Nistkasten vorbei, den Mitzi abgelehnt hat. Aus dem Loch ertönt zartes Vogelgepiepse.
»Da sind die Jungen sogar schon ausgeschlüpft«, berichtet Mick aufgeregt.
»Na und?«, sagt Mitzi nur.

»Es wird jetzt wirklich Zeit, dass wir einen Nistplatz finden«, meint Mick.
»Strenge ich mich etwa nicht an?«, fragt Mitzi gereizt.
»Doch, aber –« Mick ist lieber still. Er will nicht mit Mitzi streiten.
Am nächsten Tag zeigt er ihr die Röhre eines Schaukelgestells. »Wie wär's denn damit?«
»Zu laut«, sagt Mitzi gleich. »Hast du noch nie gehört, wie viel Krach Menschenkinder beim Schaukeln machen?«
Mick fliegt weiter. Er findet eine andere Röhre, aber die gefällt Mitzi natürlich auch wieder nicht.
»Da flattert alle paar Tage Menschenwäsche, lange Unterhosen, Socken – grauenhaft!«
Mick ist ganz verzweifelt. Wenn es nicht seine Mitzi wäre! Sie streiten sich ein bisschen. »Dir ist überhaupt nichts recht«, sagt Mick. Und zum ersten Mal, seit sie sich kennen, schlafen Mick und Mitzi auf zwei unterschiedlichen Ästen ein.
Mick schläft schlecht. Es tut ihm leid. Er streitet nicht gerne mit Mitzi. Hoffentlich ist sie ihm nicht lange böse, das kann er nicht aushalten ... Er hat Mitzi doch so lieb!
Am nächsten Morgen fliegt Mick los, um Mitzi mit einem Raupengeschenk zu überraschen. Aber was ist das? Mick traut seinen Vogelaugen nicht. Da hängt doch direkt vor seinem Schnabel ein wunderschöner, nagelneuer Nistkasten! Das Schlupfloch zeigt nach Süden, der Kasten

hängt gerade richtig hoch, er ist nicht zu klein und nicht zu groß und außerdem vor Katzen geschützt.
Aufgeregt fliegt Mick zu Mitzi zurück.
»Das musst du dir ansehen! Komm!«
Gespannt wartet Mick, während Mitzi den Nistkasten untersucht. Sie schlüpft hinein ins Loch, wieder heraus und noch einmal hinein.
»Was meinst du?«, fragt Mick. Sein kleines Herz pocht vor lauter Aufregung.
»Nicht schlecht«, sagt Mitzi. »Eigentlich ganz gut. Nein, prima. Ausgezeichnet. Wunderbar. Das ist es!«
In Windeseile schleppen Mick und Mitzi Moos herbei und bauen im Nistkasten ein Nest. Schon bald sitzt Mitzi auf fünf Eiern und brütet und brütet, während Mick die allerschönsten Raupen herbeibringt und seine Liebste damit füttert. Mitzi ist sehr zufrieden. Zwei Wochen später piepst es im Kasten schon fünfstimmig. Die Jungen sind ausgeschlüpft: Maren, Moni, Micha, Meik und Mira.
Obwohl Mick und Mitzi oft vom Futtersuchen todmüde sind, sind sie sehr stolze Eltern.
»Haben wir nicht wunderschöne Kinder?«, fragt Mick immer wieder.
Mitzi nickt. »Und ein wunderschönes Heim«, sagt sie dann. »Es hat sich doch gelohnt, dass wir nicht das erstbeste Plätzchen genommen haben, oder?«

Barbara Cratzius

Zottelohr mit der weißen Blume

»Zottelohr! Herkommen!«, ruft der Hasenvater Hugo. »Wo treibst du dich bloß wieder rum! Morgen ist Ostern. Und da stehen noch zehn Körbe voll mit Eiern. Die müssen alle noch angemalt werden!«

Hopsi, Topsi und das Hasenmädchen Pummelchen sind schon den ganzen Morgen über fleißig gewesen. – Nur vom kleinen Zottelohr ist weit und breit nichts zu sehen.

Topsi kann es sich nicht verkneifen, den kleinen Bruder zu verpetzen. – »Der treibt sich mal wieder unten am Bach herum und kickt Kieselsteine ins Wasser!«, ruft er. Und Pummelchen fügt hinzu: »Er hat mir meine schönen bunten Farben dreckig gemacht! Mit seinen Dreckpfoten! Voll von Matsch und Moos! Er muss ja auch dauernd mit den Mäusekindern und den Grashüpfern um die Wette hüpfen! Und mit den Kaninchenkindern spielt er den ganzen Morgen Fußball! Der denkt doch nur ans Toreschießen!«
»Ich knöpf ihn mir schon vor!«, brummt der Hasenvater und steckt seine Pfote zwischen die Zähne: Hui – hui! Die Hasenkinder halten sich die Ohren zu. Der Hasenvater kann pfeifen – lauter als der Eichelhäher keckern kann!
»Willst du wohl still sein!«, schimpft die Hasenoma. »Du jagst uns noch den Fuchs auf den Hals! Dann ist es aus mit dem Eiermalen! Und alles bloß wegen dem frechen Zottelohr!« Aber da kommt Zottelohr schon ganz schuldbewusst angehoppelt. Er legt brav die Ohren an, duckt sich vor dem Hasenvater nieder und stößt ganz leise hervor:

»Schau mich Zottelohr doch an, der ganz fleißig pinseln kann. Ich will malen wie der Wind bunte Eier ganz geschwind. Heute Abend – das wird toll, sind die Eierkörbe voll.«

»Na, da musst du dich aber ranhalten!«, meint der Hasenvater. »Und dass du ja nicht wieder weghoppelst oder dich ins Gras legst und träumst, wenn deine Geschwister fleißig sind!«

Gegen Mittag sind Hopsi und Topsi und Pummelchen mit ihren Eiern fertig. Pummelchen hat sich am meisten Mühe gegeben und auf jedes Ei eine schöne Blume gezaubert, Veilchen, Margeriten, Löwenzahn und Glockenblumen: eine ganze Frühlingswiese voll.

Hopsi hat viele Vögel mit bunten Federn auf die weißen Eierschalen gemalt.

Und Topsi hat sich dieses Jahr etwas ganz Besonderes ausgedacht. Er hat Zauberfische gemalt. Mit vielen bunten schillernden Schuppen. Die glänzen in allen Regenbogenfarben.

Zottelohr lässt die Ohren hängen. Nein, so etwas Hübsches bringt er nie fertig. Dazu braucht er bestimmt drei Tage. Und außerdem sind seine Pinsel alle hart geworden. Er hat natürlich gestern Abend vergessen, sie auszuwaschen.

»Nicht verzagen! Hugo fragen!«, krächzt es auf einmal über ihm. Da kommt Hugo, der Eichelhäher, angeflattert. Hugo ist Zottelohrs Freund. Zottelohr hat ihm im letzten Winter, als die Vögel nichts mehr zu fressen hatten, den Weg zu der großen Futterkrippe von Förster Fridolin gezeigt.

Hugo lässt eine schöne blaue Feder fallen. »Besser als jeder Pinsel!«, krächzt er.

Ja, wirklich, das ist ein richtiger Zauberpinsel! Bald

glänzen leuchtend blaue Wellen, Kringel und Kreise auf den weißen Eierschalen.
Da kommt der Heuhüpfer Heribert angehüpft. »Mann, o Mann«, sagt er, »wo ist bloß dein grüner Farbentopf?« Und schon tunkt er seine langen Hinterbeine hinein und krabbelt hin und her auf den Eiern, hinauf und hinunter. »Du bist ja ein Eiermalkünstler!«, ruft Zottelohr bewundernd. »So schöne grüne Muster hab ich noch nie gesehen!«
Zu guter Letzt kommt Maus Langschwanz angetrippelt. Fachmännisch beguckt sie sich die Farbentöpfe. »Rot und orange und lila, das muss toll aussehen!«, piepst sie und steckt vorsichtig die Pfoten und das Schwanzende in die Farbtöpfe.

»Hier ein Tupfer, dort ein Strich, ist ne Kleinigkeit für mich!«,

piepst sie.
Als die Sonne hinter dem Waldrand untergeht, sind alle Eier angemalt, drei große Eierkörbe voll.
Zottelohr hüpft von Korb zu Korb. Begeistert hebt er vorsichtig ein Ei nach dem anderen hoch und bewundert die schönen bunten Muster.
»Zum Schluss malen wir uns selbst noch ein bisschen an!«, piepst die Maus Langschwanz. »Farben sind ja genug da!« Und schon hat sie dem Grashüpfer einen lila Strich quer über den Rücken gemalt. Der Eichelhäher kriegt zwei rote Tupfer auf sein graues Vogelgefie-

der. Und Zottelohr malt der Maus einen quittengelben Fußball auf den Rücken.
»Nun bist du dran! Mach die Augen zu!«, piepst die Maus.
»Du, ich bin so kitzlig!«, brummt Zottelohr. »Besonders hinten auf dem Rücken! Mach schnell!«
»Bin schon fertig!«, piepst die Maus. »Los, jetzt laufen wir alle runter zum Bach und gucken uns an, wie hübsch wir aussehen!«
»Toll!«, krächzt der Eichelhäher. »Interessant!«, geigt der Heuhüpfer. »Originell!«, piepst die Maus. Nur Zottelohr kann nichts in seinem Spiegelbild im Wasser erkennen.
Da kommen die drei Hasengeschwister angehoppelt. Vor Verwunderung bleiben ihnen die Hasenmäuler offen stehen.
»Zottelohr hat's gut!«, rufen sie neidisch. »Du hast so eine hübsche weiße Blume hinten! Die wollen wir auch haben!«
»Könnt ihr kriegen!«, piepst die Maus. »Ist noch genug weiße Farbe da! Ihr wisst ja, Osterhasenkinder dürfen sich was wünschen in der Osternacht! Das geht in Erfüllung!«
Und so ist es gekommen, dass die Hasen ihre weiße Blume behalten haben. Vielleicht seht ihr auch einmal ein weißes Schwänzchen blitzen mitten im grünen Kleefeld!
Und vielleicht legen euch fleißige Hasenkinder auch kunterbunt angemalte Eier ins Osternest!

Tilde Michels

Elisas schönstes Osterei

Seit drei Monaten lebte Elisa in ihrer neuen Familie, aber richtig zu Hause war sie noch nicht.

Die Eltern hatten natürlich gewusst, dass es nicht leicht war, zu ihren beiden eigenen Kindern ein blindes kleines Mädchen zu adoptieren. Aber sie hatten gehofft, dass Elisa schneller zu ihnen finden würde. Sie hatten gedacht: Wenn sie erst einmal heraus ist aus dem Heim,

wenn wir ihr zeigen, dass wir sie lieb haben, dann wird sie bald fröhlich werden. Aber Elisa brauchte Zeit.
In der Wohnung hatte sie sich schnell zurechtgefunden. Mit ihren kleinen Händen, an denen sich die Finger wie Fühler bewegten, hatte sie alles ertastet, was ihre Augen nicht sehen konnten. Und an dem gespannten Ausdruck ihres Gesichts war zu erkennen, dass sie auf alles genau lauschte.
Ihre Eltern waren bei einem Autounfall ums Leben gekommen, als Elisa noch ein Baby war. Jetzt war sie sechs und gehörte endlich wieder zu einer richtigen Familie.
Mit Miriam und Tim ging alles leichter. Miriam war acht, Tim zwölf. Bei Tim fühlte sich Elisa ganz frei. Wenn er bastelte, stellte sie sich neben ihn. Sie befühlte das Werkzeug und die dünnen Platten aus Balsaholz, aus denen er ein Schiff baute. »Reich mir mal den Kleber und die Schere«, verlangte Tim. Es war ganz klar, dass Elisa das Richtige aus dem Durcheinander von Werkzeugen herausgriff. Sie fühlte es, und sie hörte am Klang, wo die Schere lag, die Tim gerade benutzt hatte.
Einmal sagte Tim: »Du, Elisa, übermorgen kommt der Osterhase. Wünschst du dir was?«
Elisa lachte. »Och du! Vom Osterhasen kann man sich nichts wünschen.«
Tim stellte die verleimten Holzteile vorsichtig auf den Tisch. »Stimmt«, sagte er. »Zu Ostern wünscht man sich nichts. Da bekommt man nur Eier und süßes Zeug. Suchst du gern Ostereier?«

»Hab ich noch nie«, antwortete Elisa. »Im Heim haben alle Kinder morgens ein Körbchen mit Eiern und einen Schokoladenhasen bekommen. Einfach so.«
»Aber das Suchen ist doch das Schönste daran«, sagte Tim.
»Werden bei euch die Eier versteckt?«, erkundigte sich Elisa.
»Klar.«
»Und ihr müsst suchen?«
»Klar.«
»Das will ich auch.«
Und wieder sagte Tim: »Klar.«

An diesem Abend, nachdem Elisa und Miriam ins Bett gegangen waren, verschwand Tim mit der Mutter in der Küche, um Ostereier zu färben. Tim setzte die Farbbrühe an, die Mutter ließ die Eier darin kochen und fischte sie dann mit einem Sieb heraus. Als die meisten Eier zum Trocknen auf einem Fließpapier lagen, sagte Tim: »Du brauchst mich ja jetzt nicht mehr. Ich hab noch was zu tun.«
Er holte eine kleine rot lackierte Dose und Deckfarben aus seiner Schultasche. Die Dose war aus Holz und hatte die Form eines Eis. »Ein Holzei? Was wird das?«, wollte die Mutter wissen.
»Eine Überraschung«, antwortete Tim und begann, die Dose zu bemalen. Grüne Ranken, bunte Blumen und Schmetterlinge setzte er auf den roten Grund.

»Für Miriam?«, fragte die Mutter.
»Für Elisa«, sagte Tim.
»Für Elisa? Blumen und Schmetterlinge? Sie kann's doch gar nicht sehen.«
»Aber vorstellen kann sie sich's«, sagte Tim. »Wenn ich ihr beschreibe, was drauf ist … Bestimmt, sie kann sich alles genau vorstellen.« Er hatte auf dem Ei eine ovale rote Stelle ausgespart. Da hinein schrieb er mit Farbe

Elisa

In diesem Augenblick steckte der Vater den Kopf zur Tür herein. »Aha, Osterhasenwerkstatt!«, sagte er. Dann entdeckte er das Ei für Elisa und nickte Tim zu. »Schön, wirklich sehr schön.«
»Ist ja noch nicht fertig«, sagte Tim. »Die Überraschung kommt erst noch.«
Er ließ die Dose eine Weile trocknen und zog dann mit ihr ab in sein Zimmer.

Am Ostermorgen waren Elisa und Miriam schon ganz früh wach. Sie hörten es in den anderen Zimmern wispern; sie hörten, dass jemand auf leisen Sohlen durch die Wohnung schlich – und dann wurde an ihre Tür geklopft. Der Vater stand davor und rief: »Kommt schnell, der Osterhase war da!«
Miriam hüpfte aus dem Bett, fasste Elisa bei der Hand und zog sie mit ins Wohnzimmer.

»Und Tim?«, fragte Elisa. Sie spürte, dass er nicht dabei war. »Diese Schlafmütze müssen wir sofort aus dem Bett werfen!«, sagte der Vater.
Da stolperte Tim auch schon über die Schwelle, reckte sich und gähnte. »Was soll denn der Tumult?«
»Der Osterhase war da«, rief Elisa.
Und dann ging die Sucherei los.
Miriam hatte sofort zwei Eierverstecke aufgestöbert. Jetzt stand sie auf einem Stuhl und suchte das Büchergestell ab. Tim lag auf dem Boden und angelte ein Nest unter dem Schrank hervor.
»Ich auch, ich auch!« Elisa fasste in die hohe Bodenvase, suchte in der Spielzeugkiste und hinter dem Fernsehsessel. Auf einer Fensterbank hinter dem Vorhang fand sie das erste Versteck.
»Ich hab was, ich hab was gefunden!«, rief sie.
Neben drei gefärbten Eiern saß ein großer Hase in dem Nest. Zuerst befühlte ihn Elisa, dann lutschte sie an seinen Ohren.
»Ein Zuckerhase, ich hab einen Zuckerhasen!«
»Weiter!«, feuerte Tim sie an. »Miriam hat schon drei Nester gefunden, ich zwei.«
Elisa suchte im Kleiderschrank und kroch unter die Eckbank in der Küche – aber da war nichts. Als sie in die große Teigschüssel griff, fühlte sie ein Nest aus Holzwolle und Moos. Viele kleine Schokoladeneier lagen darin und in der Mitte saß ein wolliges Küken.
Elisa rieb ihre Wangen an dem Küken. »Es fühlt sich

an wie echt«, sagte sie. Jetzt wollte sie aber nicht mehr weitersuchen. Sie kauerte sich auf den Boden vor ihre Ostersachen und fing an, damit zu spielen. Sie ließ den Zuckerhasen von einem Nest ins andere hüpfen. Sie hielt dem Küken ihre hohle Hand hin und sagte: »Da, Küken, friss!« Und sie ließ die Eier auf dem Boden herumkullern.

Tim setzte sich neben sie und fragte: »Wie viele Eier hast du eigentlich?«

»Neun und drei«, sagte Elisa. »Neun kleine Schokoladeneier und drei richtige, die sind größer.«

»Nur drei größere?«, fragte Tim. »Bist du sicher, dass es nicht vier sind?«

Elisa war ganz sicher. Zählen konnte sie schon sehr gut. Aber Tim gab nicht auf. »Ich glaub, da hast du dich verzählt. Ich sehe nämlich vier.«

»Es waren bestimmt nur drei!«, rief Elisa.

»Wenn das so ist«, sagt Tim, »du, Elisa, dann muss der Osterhase noch mal heimlich in dein Nest gekommen sein!«

Elisa tastete nach ihren Ostersachen. Sie legte die kleinen Schokoladeneier, den Zuckerhasen und das Küken in das eine Nest, die größeren Eier in das andere – und tatsächlich! – es waren jetzt vier gleich große. Aber ganz gleich waren sie nicht. Elisa merkte sofort, dass das eine Ei nicht zum Essen war und dass aus seiner Spitze eine kleine Kurbel herausragte. »Was ist das, Tim?«

»Probier's doch aus!«

Da nahm Elisa das Ei in die linke Hand und drehte mit der rechten vorsichtig an der Kurbel. »Kling, kling, klingelingeling, kling, kling«, klimperte es aus dem Osterei. Eine kleine Melodie, acht Takte, und dann fing sie wieder von vorn an.
Alle wurden still und schauten auf Elisa, die ganz versunken dasaß. Sie hielt den Kopf zur Seite geneigt und lauschte.
Dann aber sprang sie auf. Sie hüpfte im Zimmer herum; ihr Gesicht leuchtete. »Ich hab das schönste Osterei, das allerschönste Osterei!« Sie hielt es Tim hin. »Was hat es für eine Farbe?«
»Es ist bunt, Elisa, richtig bunt.« Tim führte ihren rechten Zeigefinger über die Blumen und Schmetterlinge und fuhr die Buchstaben nach, die da standen:

Elisa

»Steht das wirklich dort?«, fragte Elisa. »Und Schmetterlinge sind auch drauf?« Sie streichelte über die kleine Spieldose. Dann schmiegte sie sich an Tim und flüsterte: »Du, Tim, ich weiß was! – Der Osterhase … der Osterhase warst du!«

Ursel Scheffler

Das Schulabenteuer

Einmal im März, gleich nach Ostern, als die kleinen Hasen mit ihren Schultüten in die Schule kamen, war der Lehrer Leo Lampe nicht da.
»Wo mag er nur stecken?«, fragte der kleine Kasimir enttäuscht. »Ich hab mich so auf meinen ersten Schultag gefreut!«
»Vielleicht hat er den ersten Schultag einfach vergessen? Er ist nicht mehr der Jüngste und vergisst öfter mal etwas«, sagte Pfefferschnauze aus der vierten Klasse.

»Wir müssen ihn suchen!«, sagte Löffelgundis, die im zweiten Schuljahr war.
»Gute Idee!«, rief Mümmelmanni aus der Dritten. »Ich hab ein Fernglas!«
»Und ich hab eine gute Schnüffelnase«, sagte Pfefferschnauze.
»Und ich kenne die besten Verstecke«, behauptete Möhritz.
»Au ja! Lehrersuchen!«, rief Nickel, der noch in den Hasenkindergarten ging.
Er lief zu seiner Schwester. »Nehmt ihr mich mit?«
»Wenn du schnell rennst und unterwegs nicht quengelst«, sagte Löffelgundis.
Und dann schwärmten sie aus und suchten in Hecken und Büschen, auf der Wiese und im Wald. Schließlich kamen sie an den See. Am Ufer saß ein Biber und fischte.
»Leo Lampe sucht ihr? Der ist vor einer ganzen Weile mit einem Boot auf die Insel im See gerudert!«, sagte der Biber.
»Hinterher!«, rief Nickel begeistert.
»Wo finden wir ein Boot?«, fragte Mümmelmanni.
»Dort drüben im Bootshaus liegt ein alter Kahn. Aber Vorsicht! Er leckt ein bisschen«, sagte der Biber, ohne zu verraten, dass er es war, der gerade das Holz angeknabbert hatte.
Die kleinen Hasen stürmten das Bootshaus. Der Kahn war voll Wasser. Sie schöpften ihn leer.

»Ich hab die undichte Stelle!«, rief Löffelgundis. »Wir müssen sie flicken, ehe wir losfahren.«
Sie fanden im Bootshaus Hammer, Nägel und Bretter.
»Fast als hätte es jemand für uns hingelegt!«, wunderte sich Löffelgundis.
Und dann zogen sie den Kahn gemeinsam aus dem Wasser und dichteten das Leck ab. Vorsichtig, ganz vorsichtig setzten sie danach das Boot wieder ins Wasser hinein. Beim Einsteigen gab es riesiges Gedrängel.
»Aua!«, rief Nickel, als Mümmelmanni ihm auf die Pfoten latschte.
»Nehmt Rücksicht auf die Kleinen!«, rief Löffelgundis.
»Mach dich nicht so fett!«, sagte Kasimir zu Mümmelmanni.
»Erste Klasse, Babyflasche«, sagte Mümmelmanni zu Kasimir.
»Wenn ihr streitet, kommen wir nie zur Insel«, schimpfte Löffelgundis.
»Darf ich das Ruder haben?«, rief Nickel.
»Lass die Großen rudern«, sagte Löffelgundis. »Die haben mehr Kraft.«
Schließlich klappte es ohne Drängeln und Schubsen. Aber es war gar nicht so einfach. Der Kahn schaukelte hin und her. Sie mussten stillsitzen. Sie mussten sich festhalten. Sie durften sich nicht zu weit hinauslehnen. Die Ruderer mussten aufpassen, dass sie die anderen nicht mit den Ellbogen rammten und über Bord warfen.

»Land in Sicht!«, rief Mümmelmanni schließlich stolz.
»Land unter der Pfote«, sagte Nickel und hüpfte als Erster an Land.
»Seht mal, da ist was. Ein Zettel. Ein Schild. Aber ich kann es nicht lesen.«
Nickel war enttäuscht. Kasimir konnte es auch nicht entziffern, obwohl er schon sieben Buchstaben konnte und sogar das x. Mümmelmanni las vor: Liebe Hasen, das war euer erster Schultag. Ihr habt mehr gelernt als ihr denkt. Hasen, die später mal Ostereier verstecken wollen, müssen auch das Suchen lernen. Jetzt rudert zurück in das Schulhaus. Dort warte ich auf euch. Es gibt Möhrenkuchen und Krümelkekse. Und weil ihr die Aufgabe so gut gelöst habt, gibt es keine Hausaufgaben. Bis gleich, Leo Lampe.
Eine Sekunde lang sahen sich die Hasen verdutzt an, dann kletterten sie ins Boot und ruderten zurück. Es klappte viel besser als auf der Hinfahrt.
»Wir haben echt eine Menge gelernt«, murmelte Löffelgundis.
»Keine Hausaufgaben! Herr Lampe ist der beste Lehrer der Welt«, schwärmte Möhritz.
»Auf jeden Fall ist er der beste Lehrer von Osterade«, sagte Mümmelmanni. Und da hat er hundertprozentig recht, denn in Osterade gibt es nur einen Lehrer.

Gudrun Mebs

Ostervater

Ostern hat jeder gern. Ich auch. Schulfrei ist und bunte Eier gibt's und Schokoladenhasen und mein Vater schickt ein Paket. Darauf freue ich mich am meisten. Da ist immer komisches Zeug drin, das kann ich meistens gar nicht brauchen. Im letzten Jahr hat er einen rosa Wollhasen geschickt. Einen für Babys! Ich bin kein Baby mehr, mit Wollhasen spiele ich schon längst nicht mehr und mit rosa Wollhasen schon gar nicht. Aber immerhin, mein Vater hat an mich gedacht. Wenn auch falsch gedacht. Ich hab gelacht und meine Mutter hat auch gelacht, aber nicht so laut wie ich. Und dann hat sie geseufzt und gemeint, ich kann den Wollhasen ja verschenken. An ein Baby. Ich kenne aber kein Baby und außerdem ist der Hase ein Ostergeschenk von meinem Vater.

Ich hab den Wollhasen auf meinen Schreibtisch gesetzt. Da sitzt er noch heute. Bloß ist er jetzt grau, nicht mehr rosa …

Mein Vater wohnt nicht bei uns, schon lange nicht mehr. Und kommen und uns besuchen, meine Mutter und mich, das tut er beinahe nie. Weil er so weit weg wohnt und weil er so viel Arbeit hat und weil er überhaupt Familie nicht mag. Hat er mal gesagt. Und Weihnachten mag er auch nicht. Da kriege ich auch nie was von ihm. Bloß an Ostern. Mein Vater ist eben ein Ostervater. Und darauf freue ich mich dann. Besser ein Ostervater als gar keiner.

Und jetzt ist Ostern. Ostersonntag. Ich bin früh aufgewacht. Und hab gleich losgelegt, mein Osternest zu suchen. Ich hab's auch sofort gefunden. Es war im Schuhschrank, auf meinen Skistiefeln drauf. Im Verstecken ist meine Mutter nicht besonders gut. Sie hat drei Zuckereier im Flur verloren und das war eine deutliche Spur, ganz klar. Aber ihr zuliebe habe ich dreimal ganz laut gesagt: »Ja, wo hat denn der Osterhase wohl mein Nest versteckt?« Und ich hab laut im Schirmständer gewühlt.

Meine Mutter hat sich gefreut und gekichert und sie ist in die Küche gegangen und hat Frühstück gemacht. Osterfrühstück! Meine Mutter hat an Ostern viel mehr Arbeit als sonst beim Frühstückmachen, weil's außer Müsli und Knäckebrot auch noch Salate gibt und Aufschnitt und Braten und Süßspeise und davon leben wir am Ostersonntag den ganzen Tag lang. Weil man ein Osterfrühstück nicht auf einmal aufessen kann.
Ich gehe mit meinem Osternest in die Küche zu meiner Mutter. Sie deckt den Tisch und gibt mir einen fischigen Kuss. Weil sie am Fischsalat genascht hat. Ich schmecke es genau.
»Fröhliche Ostern, Liebling«, sagt sie und »Fröhliche Ostern, Mama«, sage ich und schaue erwartungsvoll auf meinen Stuhl. Da steht nämlich an Ostern immer das Paket von meinem Vater. Steht aber nicht! Mein Stuhl ist leer! Das sehe ich mit einem Blick. Mein Vater hat kein Paket geschickt! Zum ersten Mal an Ostern nicht! Ich schlucke …
»Fröhlichen Osterschmaus«, sagt meine Mutter vergnügt und zeigt stolz auf den Osterfrühstückstisch, »guten Appetit.«
Ich habe keinen Hunger. Überhaupt nicht. Mein Vater hat kein Paket geschickt! Mein Vater hat mich vergessen! Zum ersten Mal!
»Mama«, sage ich. Und dann sage ich nichts mehr. Meine Mutter schneidet Braten und schiebt sich eine dicke Scheibe in den Mund und sie sieht fröhlich aus

und hat rote Backen und sie schält ein Osterei, und sie sieht überhaupt nicht aus, als würde sie sich wundern, weil mein Vater kein Osterpaket geschickt hat.
Ich setze mich. Auf meinen leeren Stuhl. Ich möchte schon essen. Aber ich kann nicht. Da ist was in meinem Hals. Ein dicker Kloß, dick wie ein Osterei ... da rutscht nichts dran vorbei.
»Iss, Junge«, sagt meine Mutter und kaut vergnügt, »nimm vom Schinken, der ist gut.«
Ich nehme vom Schinken. Der Schinken schmeckt wie Pappe. Alles schmeckt wie Pappe. Ich starre auf mein Osternest. Der Schokoladenhase grinst mich an. Böse. Dem beiße ich ein Ohr ab. Auch wenn Schinken und Schokolade zusammen scheußlich schmecken. Alles schmeckt scheußlich. Der Hase sieht blöd aus mit dem abgebissenen Ohr. Er grinst nicht mehr.
Der Hase kann nichts dafür. Aber mein Vater! Der schon. Ich glaub, ich muss heulen. Aber Heulen geht nicht. Nicht am Ostersonntag. Da wird gefeiert, nicht geheult. Da wird das Paket von meinem Vater ausgepackt ... das nicht gekommene Paket.
Und jetzt heule ich doch. Meine Mutter merkt nichts, zum Glück. Ich heule nämlich unter dem Tisch. Ich binde Schnürsenkel auf und wieder zu. Dabei kann man lange heulen ...
Da klingelt's. Ganz kurz. Ich horche auf. Und schaue auf die Beine meiner Mutter. Ob die Beine loslaufen zur Tür. Vielleicht ist es der Postbote! Der bringt das

Paket. Die Beine laufen nicht. Und über dem Tisch schmatzt es. Meine Mutter isst, seelenruhig. Als hätte es nie geklingelt. Es klingelt auch nicht mehr. Kein Postbote … kein Paket. Ich binde die Schnürsenkel wieder zu und tauche auf. Ich kann ja nicht ewig unterm Tisch hocken.

»Es hat geklingelt«, sagt meine Mutter und lächelt freundlich in mein verheultes Gesicht. Ich dreh's schnell weg. Mütter müssen nicht alles sehen … und sause raus zur Flurtür. Und horche. Draußen ist es still. Kein Mucks zu hören. So still, als wäre da niemand. Ich schau durchs Guckloch. Niemand zu sehen. Ein Postbote schon gar nicht.

»Mach doch auf« ruft die Mutter aus der Küche, »ich glaub, der Osterhase war da!« Und sie lacht so komisch. Der Osterhase! An den glaube ich ja nun wirklich schon lange nicht mehr. Aber wenn's ihr Spaß macht …

Ich mache die Tür auf, einen Spalt … und da liegt vor der Tür ein Osterei! Aber ein riesiges! So ein riesiges Osterei, wie ich es noch nie gesehen habe. Ein riesengroßes Osterei in Rosa!

Vor Schreck haue ich die Tür wieder zu. Und reiße sie gleich wieder auf. Ist ja blöd, sich vor einem Osterei zu fürchten, wie groß es auch immer ist. Das Osterei liegt noch immer da. Ich starre, blinzele, starre wieder … und plötzlich rumpelt das Riesenei, wackelt kurz, liegt wieder still. Ein lebendiges Riesenei aus Pappe.

Da wackelt es wieder, schwankt hin und her und ich springe zu und halte es fest. Sonst wäre das Ei die Treppe abwärtsgerollt. Und aus dem Ei brummt es heraus und es brummt ziemlich dumpf und ziemlich verärgert: »Jetzt pack mich doch endlich aus, ich schwitze mich ja kaputt.« Sofort lasse ich das Ei los und springe zurück. Ein sprechendes Osterpappei?
»Auspacken!«, brummt es und schwankt gefährlich. Und da greife ich endlich zu. Reiße und ziehe und hab eine Riesenosterpappeihälfte in den Armen ... und in der anderen Hälfte liegt ... mein Vater. Gekrümmt, verschwitzt und grinsend.
»Endlich!«, stöhnt er und steigt raus. »Ich hab schon gedacht, du kapierst es nie! Na, ist die Überraschung gelungen?«
»Papa!«, sage ich und stehe blöd da, die Pappeierhälfte in der Hand.
»Ich hab gedacht, zu Ostern schicke ich mich mal selber«, sagt mein Vater und lacht. »Heiß war's in dem Ei, das kann ich dir sagen, ich bin beinahe erstickt.«
Ich kann nichts sagen. Ich hab schon wieder einen Kloß im Hals.
»Fröhliche Ostern«, sagt mein Vater und gibt mir einen Kuss. Über die Eipapphälfte hinweg.
»Papa«, sage ich und lasse die Rieseneierschale fallen, aber da sitzt mein Vater schon bei meiner Mutter am Osterfrühstückstisch. So als wäre er nie weg gewesen.
Meine Mutter seufzt ein bisschen und sie lacht ein biss-

chen und sie hat rote Backen. Und mein Vater hält mir ein Osterei entgegen. Ein blaues.
Ich nehme ein rotes und haue es fest gegen das blaue Papa-Ei. Das machen wir immer so … das haben wir immer so gemacht. Früher … Weil man sich dabei was wünschen darf. Wenn das Ei heil bleibt. Mein Ei bleibt heil. Ich darf wünschen. Aber ich wünsche nichts. Ich hab schon so oft gewünscht und nie hat es geklappt. Und heute ist der Papa ja da. Wenigstens heute … heute ist er mein Ostervater …
Ich schau meinen Vater an und der schaut nicht zurück. Er schält ein Ei, sein kaputtes, und stopft es sich schnell in den Mund. Und ich merke genau, er hat auch einen Kloß im Hals. Und ein Ei im Mund, was nicht rutschen will …
Es ist aber dann doch noch gerutscht. Und Schinken und Braten und Salate hinterher. Und Sekt haben Mama und Papa auch getrunken und viel gelacht und laut gelacht. Ich hab auch Sekt gekriegt, ein winziges bisschen, und ich hab auch laut gelacht. Und das Osterfrühstück war schön! Wir haben uns zu dritt in das Riesenpappei gesetzt. Und dabei ist das Pappei leider geplatzt. Schade. Aber mein Vater hat gesagt, er braucht es sowieso nicht mehr. Weil er uns schon ganz bald wieder besuchen kommt.

James Krüss

Osterbotschaft

Herr Theodor, der Rabe,
Kriegt einen sanften Blick.
Ihm scheint auf seinem Birkenbaum
Die Sonne ins Genick.

Da schwingt er sich vom Aste,
Fliegt fort, so schnell er kann,
Und klopft auf einem Roggenfeld
Bei einer Wühlmaus an.

Die Wühlmaus Mimi Meier
Ist gar nicht sehr erbaut,
Weil sie dem Raben Theodor
Aus gutem Grund misstraut.

Doch Theodor sagt leise
Und voller Höflichkeit:
Verzeihen Sie, die Sonne scheint,
Und Ostern ist nicht weit!

Eiwei!, piept Mimi Meier.
Sie schlüpft in ihren Bau
Und putzt sich für die Osterzeit
Wie jede andre Frau.

Dann huscht sie durch die Gänge
In flinkem Mauselauf
Und sucht, weil nun bald Ostern ist,
Den Bau des Hasen auf.

Hans-Benjamin, der Hase,
Wacht auf und macht hatschie.
Er rümpft die Nase siebenmal
Und fragt: Was wünschen Sie?

Die Wühlmaus Mimi Meier
Ruft: Ach, du liebe Zeit,
Die Sonne scheint, Hans-Benjamin,
Und Ostern ist nicht weit.

Wie? Was? Es ist schon Ostern?
Empfehl mich, mit Verlaub!
Dann springt er wie ein Blitz davon,
Und Mimi schluckt den Staub.

Hans-Benjamin, der Hase,
Läuft Zickzack auf dem Feld,
Schießt Purzelbaum im Sonnenschein
Und freut sich an der Welt.

Er springt zu allen Hasen,
Schlüpft in den Bau und schreit:
He, aufgewacht! Die Sonne scheint,
Und Ostern ist nicht weit!

Da tummeln sich im Grünen
Die Hasen, fern und nah.
Und plötzlich weiß die ganze Welt:
Die Osterzeit ist da!

Autoren- und Quellenverzeichnis

Hans Christian Andersen, geboren 1805 in Odense/Dänemark, gestorben 1875 in Kopenhagen.

Marliese Arold, geboren 1958 in Erlenbach am Main.
»Der schönste Platz für unser Nest«, S. 95, aus: Dies., *Leselöwen Frühlingsgeschichten* © 1999 Loewe Verlag GmbH, Bindlach.

Barbara Bartos-Höppner, geboren 1923 im schlesischen Eckersdorf, gestorben 2006 in Nottensdorf an der Niederelbe.
»Eier anmalen«, S. 9, und »Ganz zeitig war der Osterhase da«, S. 37, aus: Dies., *Schnüpperle – 24 Ostergeschichten* © 2003 OMNIBUS/C. Bertelsmann Jugendbuch Verlag, München in der Verlagsgruppe Random House GmbH.

Brigitte Blobel, geboren 1942 in Hamburg.
»Der verliebte Osterhase«, S. 14, aus: Dies., *Das Osterbuch* (erstmals erschienen 1980 bei Goldmann, München) © Brigitte Blobel.

Achim Bröger, geboren 1944 in Erlangen.
»Die Angsthasen«, S. 70, erstmals erschienen in der Zeitschrift »Der Bunte Hund« © Achim Bröger.

Barbara Cratzius, geboren 1929 in Swinemünde, gestorben 2006 in Heikendorf.
»Zottelohr mit der weißen Blume«, S. 99, aus: Dies., *Fröhliche Frühlings-Osterzeit* (erstmals erschienen 2001 im Verlag Herder, Freiburg in Breisgau) © Hartmut Cratzius.

Monika Feth, geboren 1951 in Hagen.
»Das Lieblingskind des Osterhasen«, S. 56, aus: Dies., *Feuer, Wasser, Wirbelsturm* © 1997 Rowohlt Taschenbuch Verlag, Reinbek.

Erwin Grosche, geboren 1955 in Anröchte.
»Das Ei – Anzeigenblatt für den Osterhasen-Bedarf«, S. 63, aus: Maria Rutenfranz (Hg.), *Das große junior-Hasenfest* © 1999 Deutscher Taschenbuch Verlag GmbH & Co. KG, München.

Josef Guggenmos, geboren 1922 in Irsee/Allgäu, gestorben 2003 ebenda.
»Warum Frau Kuckuck ihre Eier in fremde Nester legt«, S. 43, aus: Ders.,*Warum die Katzen große Augen machen* (erstmals erschienen 1968 im Georg Bitter Verlag, Reck- linghausen) © Josef Guggenmos Erben.

Janosch, geboren 1931 in Hindenburg.»Der Vater und seine Kinder«, S. 24, aus: Ders., *Ach, du liebes Hasenbüchlein* © 1981 Deutscher Taschenbuch Verlag GmbH & Co. KG, München.

Christina König, geboren 1958 in Westfalen.
»Piratenhasen«, S. 32, aus: Dies., *Leselöwen Osternestgeschichten* © 2000 Loewe Verlag GmbH, Bindlach.

James Krüss, geboren 1926 auf Helgoland, gestorben 1997 auf Gran Canaria.
»Das Oster-ABC«, S. 22, und »Osterbotschaft«, S. 122, aus: Ders., *Der wohltemperierte Leierkasten*, erschienen im C. Bertelsmann Jugendbuch Verlag, München, einem Unternehmen der Verlagsgruppe Random House GmbH © 2001 James Krüss.

Norbert Landa, geboren 1952 in Linz/Österreich.
»Der große Fino Schokoladenfabrik«, S. 27, aus: Ders., *Leselöwen Osterhasengeschichten* © 1998 Loewe Verlag GmbH, Bindlach.

Gudrun Mebs, geboren 1944 in Bad Mergentheim.
»Ostervater«, S. 115, aus: Margot Litten (Hg.), *Leselöwen Osterbuch* © 1984 Loewe Verlag GmbH, Bindlach.

Tilde Michels, geboren 1920 in Frankfurt am Main.
»Osterhasen-Story«, S. 50, aus: Dies., *Frühlingszeit, Osterzeit. Sachgeschichten von alten Bräuchen* (erstmals erschienen 1983 bei dtv junior, München) © Tilde Michels
»Elisas schönstes Osterei«, S. 104, aus: Dies., *Im Frühling und zur Osterzeit. Geschichten und Bräuche* © 2002 Arena Verlag GmbH, Würzburg.

Bettina Obrecht, geboren 1964 in Lörrach.
»Die Henne Regula und ihre Küken«, S. 85, aus: Maria Rutenfranz (Hg.), *Das große junior-Hasenfest* © 1999 Deutscher Taschenbuch Verlag GmbH & Co. KG, München.

Ursel Scheffler, geboren 1938 in Nürnberg.
»Warum die Ostereier bunt sind«, S. 7, und »Der Dieb in der Osternacht«, S. 80, aus: Dies., *Leselöwen Ostergeschichten* © 1995 Loewe Verlag GmbH, Bindlach
»Das Schulabenteuer«, S. 111, aus: Carola Hoffmann/Wolfgang Freitag, *Das große bunte Vorlesebuch für Frühling und Ostern* (erstmals erschienen 2003 im Pattloch Verlag GmbH und Co. KG, ein Unternehmen der Verlagsgruppe Droemer-Knaur) © Ursel Scheffler.